The Story of World Mythologies
From Indigenous Tales to Classical Legends

［ヴィジュアル版］テーマとキャラクターで見る

世界の神話

〈上〉

Terri-ann White
テリー・アン・ホワイト──著
Tomoko Omachi
大間知 知子──訳

原書房

リサーチ・アシスタントを務めてくれた
ジョージーナ・グレゴリーに感謝を捧げます。

◉本書の用語について

「メソアメリカ」は、ヨーロッパと接触する以前のメキシコと中央アメリカの近隣諸国を指して考古学者と人類学者が用いる言葉である。ヨーロッパ人が到来する前にこの地域に住んでいた民族は、驚くほど多様性に富んでいる。しかし、考古学者は古代のメソアメリカ人のあいだに見られる数々の文化的つながりによって、彼らは古代北アメリカ人および南アメリカ人から区別できると考えている。したがって、メキシコ、グアテマラ、ベリーズ、エルサルバドル、ホンジュラス、ニカラグア、コスタリカの古代文明はすべてメソアメリカ文明とみなして差し支えないように思われる。

［World History Encyclopedia by Alfred J. Andera ©2011 Copyright ABC-CLIO LLCより］

【目次】

宇宙論 103

神々と人間の物語 147

【下巻目次】

伝説の英雄、空想的な生き物と事件

トリックスター

叙事詩が語る神話

死と死後の世界

歴史、伝説、神話のあいだ

風習と大衆信仰

はじめに

神話の物語やドラマには人の心を揺さぶる力がある。風変わりで途方もない神話の世界には誰しもとりこになるだろう。その世界は私たちが住む時代のそれとはまったく違っているけれども、よく見れば数多くの共通点が見られる。私たちが数千年かけて蓄積した知識や経験によって近代社会は洗練されたとはいえ、地形、地質、異常気象、そして愛情豊かな家庭の中にさえ起こりうる殺人の衝動は、今も昔もほとんど変わらない。
今日も語り継がれ、信じられている最古の神話のいくつかは、オーストラリアの最初の住民によって創造された。GPSナビゲーションシステムが開発される6万年も前に、アボリジニの諸部族は彼らの広大な大陸の地図を作り、そこに深遠な象徴的秩序を付与した。その秩序が実用的な助言——たとえば荒々しい不毛の大地で生き延びるために食糧と水を手に入れる方法——と、生殖から社会的責任の共有まで、あらゆる行為を律する体系的な道徳と倫理規範の両方を定めた。これらの信仰と道徳規範は、何千年も前に洞窟の壁や岩の表面に表された絵画や彫刻に今も明白に残されている。

他の民族や古代文化の神話について書かれたものを読むとき、私たちはいったん猜疑心をわきに置いて、想像の中で異なる世界に身を置いてみる必要がある。それは人間が昔から得意にしてきたことだ。神話の中で、神々、人間、動物の世界は分かちがたく絡みあっている。海や山にさえ、独自に考え、行動する能力があり、そのほかの生命力——今日では必ずしも認められていない——もまた、それぞれの役割を持っている。近代の合理主義精神には、この幻想のような世界はとうてい受け入れがたいとしても、よく見れば、これらの物語には真実が含まれている。人間は幼少期から人生の黄昏まで、作り話に大きな喜びと安心を見出してきた。現実の世界が危険に満ちているときは特に、作り話はある意味で現実逃避になりうるし、そもそも神話が創造されたのは間違いなくそのためだった。命を脅かす大地、海、空の恐ろしい力を理解するうえで、神話は私たちの祖先に安らぎと信頼を与えた。

数多くの世界の神話は今では純粋にフィクションとして読まれ、もっぱらその詩的な美しさのゆえに愛されているが、神話の物語からは心理学や人類の生存に関するたくさんの知恵が得られる。たとえば神々の闘争や競争は多くの神話の中心的なテーマで、人生について大切な教訓を人々に教えている。

神話は私たちを古代から続く人類の血筋に直接結びつけ、時計に縛られる現代の生活の枠組みから解放して、時間が柔軟に動く物語の世界へいざなう。物語を通じて、私たちは世界に関する概念が——そして私たち自身もまた——どれほど大きく変化したかを目の当たりにする。

第二七日初江王
第九一年都市王
南无金毛師子
南无道明和尚
第六七日變成王

神話、伝説、民話

神話、伝説、民話にはすべてある共通の特徴が見られる。しかし、それらはそれぞれ違う役割を持つ種類の異なる歴史物語だ。これらの物語は過去と祖先についてもっと知りたいという私たちの欲求を満たす役割を担っている。

神話、伝説、民話の違い

神話は何世代も、あるいは何世紀も受け継がれてきた伝統的な物語である。ある事件や個人または民族にまつわる物語の場合もあれば、人生においてどのように行動するべきかの指針や、社会規範にしたがわなかった場合の結末を語る場合もある。神話は良い行いや悪い行い、そして破滅的な結果をもたらした決断についての物語だ。神話とは何なのかを明快に説明する方法はあるが、あいまいな領域も残っている。

神話は世界がどのように創造されたか、人間とそのほかの感覚のある生き物が最初にどのように造られたかについて、象徴的な説明を提供している。国々や帝国がどのように発達したかも教えてくれ

る。神話は一般的に、人間の性格の特性と感情の状態、それだけでなく人間の心理の全般を描写し、しばしば論点を強調するために、常軌を逸した人間のふるまいを誇張して語っている。

伝説はひとつの文化の民間伝承の一部だ。伝説は歴史的事実の形を取り、そこにある種の魔力や奇跡的な力が関わってくる場合もある。怪物メデューサを退治したペルセウスや、財宝を分配して貧者の生活を楽にしたいという使命感に燃えたロビン・フッドの伝説を考えてみよう。どちらも権威や権力者への抵抗と、弱者への同情から生まれた行動によって現実に根差しながら、超自然的な性質を持つ特別な力を与えられている。

民話はあらゆる文化や人々の集団(部族、コミュニティ、国家)が長いあいだ守ってきた重要な価値観、伝統、様式を伝える役割をして

いる。民話は人間の行動に対する深い洞察に満ちた物語であり、言葉、芸術、音楽によって表現される。

神話を書く、読む、収集する

古代の人々が世界を理解する手助けとして発達した伝承文学には、当然ながら、その真正性や著者について意見の対立がある。多くの神話は何世紀にもわたって口頭で伝えられ、その民族の精神に深く染み込んでいるが、それよりも歴史が浅く、人類学者や民族史学者のような観察者による記録と分析を通じて、その文化のものとされた神話もある。そのような神話の細かい部分を解きほぐして、あとから持ち込まれた神話と、記録に残る真正な神話、要は民族そのものとを区別することは不可能に近い。

このデジタル時代になってさえ力を失わない神話について知りたいという、どうやら抑え難い欲求があるようだ。図書館にはさまざまな地域の神話の本が数えきれないほど所蔵され、インターネット上には神秘的な、またはスピリチュアルな信仰や、ときには民族主義的な、あるいは政治的な大義を肯定するために仕立て上げられた、呆れるような解釈や新しい読み方が披露されている。

共通する特徴

昔から語り伝えられた、あるいは現代に作られた神話、伝説、民話には、ひとりか複数の著者がいる。また、それらはすべてのちの世代によって解釈され、書き換えられている。記録されたそれらの物語を見ると、書き換えが行われているのは明らかだ。ひとつのテーマにいくつものバリエーションがあり、そのすべてが同じ特徴を持っているが、細かい点についてはしばしば論争がある。人々はいつでも町の広場で論争し、アゴラ(古代ギリシアの公共広場)で議論し、共用の炉の周辺で談論してきた。21世紀になっても、特に文学作品、映画、ゲームで書き換えは続いている。これらの大衆的メディアを通じて、多くの人々が昔に比べてはるかに異文化とその歴史について詳しくなった。

神話が語りかけるもの

神話は私たちに過去、現在、そしてときには未来についてたくさんのことを語る。神話は人間性と、それが自然界で果たす役割を一種のダイジェスト版にして見せている。

神話はしばしば非常に単純な形で提示されるため、幅広い読者に受け入れられやすく、娯楽的な価値だけでも楽しむことができる。しかし、神話は深遠な知識の伝達手段でもあるため、隠されたメッセージを受け取るために繰り返し読む価値がある。社会生活のすべての側面、特に人生、愛、戦いに関する儀礼やタブーは、神話から学べる分野のひとつだ。

創世神話

山頂に、あるいは大海の真ん中に浮かぶ船の上に座ってみれば、世界の大きさを理解すること、世界がどのようにして造られたのかを理解することがいかに難しいかを実感できる。果てしなく続く大地、広大な海、限りなく広がる空はあまりにも巨大で悠久なのにくらべて、私たちの命はきわめてちっぽけで短く見える。人間がその中で自分の果たすべき役割を理解するために、なんらかの方法を必要としたのは当然だった。

　私たちの祖先は、大波の衝撃、嵐の猛威、残忍な国王の気まぐれで簡単に命が奪い去られる劇的な世界での自分たちの立場を理解するために、人間が生まれながらにして持っている物語の才能を活用した。ほとんどの神話に言えることだが、世界の創造を描く神話は行動規範を定め、タブーを明確にし、社会がしたがうべき指針を与えた。

ドリームタイム

オーストラリア

アボリジニは6万年近く前にオーストラリア大陸に登場した。したがってアボリジニ神話を調査すれば、外界からの影響をほとんど受けずに長い時間をかけて創世神話などの神話が形成され、維持されてきた例として、すぐれたケーススタディとなる。オーストラリアのアボリジニの信仰は、この国に祖先――しばしば英雄的な、または超自然的な存在――が住んでいた時代、すなわち「黄金時代」について語る「ドリームタイム」、または「ドリーミング」と呼ばれる概念を核としている。アボリジニが今も守り続けている規範を作ったのは、これらの祖先たちだ。アボリジニは(過去も現在も)大陸全体に広がる狩猟採集民で、ふつうは独自の言語を持つ拡大された親族関係を作って暮らしている。

ドリームタイムは日々の生活の非常に重要な要素であり、基本的な生命の維持に匹敵する象徴的重要性を持っている。儀礼の際の歌とダンス、そしてダンスで用いられる神聖な道具を頭上に――文字通りの意味でも比喩的な意味でも――掲げる動作は、ドリームタイムにおける祖先の象徴的な仕事を再現している。アボリジニの数々の起源神話は、同じテーマの形を変えた表現であり、地域による違いはあるが、接触のない集団のあいだにも明確な共通性が見られる。

アボリジニの創世神話は、偉大な霊的存在が旅をして文字どおり国を造り、地形と植物、そして将来のすべての人間たちの霊を造るところからはじまる。聖なる土地に足を踏み入れれば、そこにはアボリジニの人々が所属する集団の過去と未来のメンバーが集う深遠な共同体が存在するのだ。

ドリームタイムはかつて(そして現在でも)、自分たちの住む土地を

◉ンガパ・ジュクルパ(水のドリーミング)、1987年、ワルピリ族のトプシー・ナムピジンパ・ロバートソン画、ノーザンテリトリー、オーストラリア。

◉カカドゥ国立公園の洞窟の壁にミミ・スピリットを描いたアボリジニの岩絵、ノーザンテリトリー、オーストラリア。

理解するためのきわめて複雑なシステムだった。それぞれの集団は自分たちの土地を熟知し、土地が持つ象徴的な力を維持する責任を負っている。彼らは神聖な泉や丘のある場所の地図を作った。このシステムのすぐれた点は、それぞれの集団が口承神話によって伝えられた独自の知識を持っていることだ。端切れを縫い合わせてキルトを作るように、各集団の知識をつなぎ合わせると、大陸の完全な地図ができあがる。

創世神話はもっぱら大地について語っている。水のドリーミングの物語もあれば、ヤムイモなど食料になる植物によって生まれた神話もある。自然の環境を何も変えず、自分たちが行き来できるように維持すること、そしてその周囲で儀式を行うことによって、アボリジニ文化は神話を生きた状態で保存している。

アボリジニの言葉でンガパ・ジュクルパと呼ばれる水のドリーミングの物語のひとつに、タナミ砂漠に住むワルピリ族の物語がある。ふたりの降雨術師が雨を降らせる歌を歌うと、大きな嵐が巻き起こり、別の嵐とぶつかった。ふたつの嵐は大地の上を移動した。チャイロハヤブサがこの嵐を西へ運び、それを落としたところに巨大な湖ができた。今日でもそこには沼が残り、雨が降るたびに数百羽のカモが群がる。

神世七代
日本

神世七代(かみよななよ)は、天と地が造られたあとに登場した7世代の神々である。

神道では、天地創造のときに高天原(天上界)に生まれた最初の神々を別天津神(ことあまつかみ)と総称している。これらの神々は(のちの神々と違って)、出産を経ずに生まれた神々だ。

別天津神のうち「造化三神」(天地開闢の神々)は、アメノミナカヌシ(天の中央にいる主宰神)、タカミムスビ(生成の神)、カミムスビ(神々の母神)の3柱の神々である。続いてウマシアシカビヒコヂ(成長の力を表す神)とアメノトコタチ(天の永久性を象徴する神)という2柱の神々が現れた。

別天津神の次に現れた神世七代の神々のうち、最後の世代が兄妹神のイザナギとイザナミで、すべての創造の基礎を作る創造神である。この2柱の神々は高天原から下界を見下ろし、そこに何があるのかと考えた。彼らは天から矛(ほこ)を突き刺し、大海原をかきまぜた。矛を持ち上げると先端からしずくが滴り落ちてひとつの島ができ、ふたりは島に降り立った。イザナギ(男神)とイザナミ(女神)は中国の陰陽思想を体現している。

イザナギとイザナミが結婚することになったとき、ふたりは(しきたりにしたがって)反対方向から歩み寄った。出会ったところでイザナミが、「なんてすばらしい殿方でしょう」と言った。のちにイザナミが生んだ子は奇形だったため、神々に相談したところ、結婚の儀式でイザナミが先に話したのがいけないと言われた。そこで彼らはもう一度儀式をやり直し、反対方向から歩いて出会ったところで、今度はイザナギが先に話した。

ふたりの神々は日本を構成するたくさんの島々を生み、続いて風、木、山々などの神々を生んだ。イザナミは最後に火の神カグツチを生んだが、出産時にやけどを負って死んでしまう。死の床でもイザナミの吐いたものと糞尿から神々が生まれた。夫のイザナギが涙を流すと、そこから女神ナキサワメが生まれた。イザナギは悲しみのあまり、妻の死の原因となった赤ん坊のカグツチの首をはね、剣からしたたった血からさらに8柱の神々が生まれた。

◉神道の風神（風の神）は、風袋をかついだ恐ろしい鬼神である。

◉日本列島を創造するイザナミとイザナギ。

創造の島

エジプト

エジプト発祥の創世神話は場所によって大きく異なるが、いずれも中心に「創造の島」と呼ばれる原初の丘がある。

ほとんどのエジプト神話では、世界は遠い昔、太陽がはじめて昇ったときに、生命の存在しない無限の海から現れた。ひとつの目――太陽――が、周囲に広がる混沌の海から原初の丘を創造する。原初の丘は、ナイル川が毎年氾濫し、水が引いたあとに堆積する肥沃な土の象徴だと言われ、巨大なピラミッドはこの丘の象徴として建設された。

太古の昔から君臨していたヌンと呼ばれる偉大な女神が、自分の体から世界を造った。ヌンはアトゥムを造り、アトゥムが宇宙を創造した。アトゥムは男でも女でもなく、世界にはアトゥムしかいなかった。ようやくアトゥムは自分の影と交わって息子と娘を生む。男神であるシューはアトゥムの吐いたつばから生まれて空気の神となる。女神テフヌトはアトゥムの口から吐き出され、霧と湿り気の神となる。シューとテフヌトは混沌とした世界に秩序と安定をもたらす責任を負っていた。彼らから生まれたゲブとヌト――大地と空――は、はじめはしっかりと抱き合っていた。

空気の神シューはふたりを引き離し、ヌトを空に持ち上げたため、ヌトはそれ以来ずっと弓なりになってゲブに覆いかぶさっている。彼らはふたたび一緒になりたいと願ったが、永遠に離ればなれになった。ヌトは雨を生み、ゲブは大地でさまざまなものを育てる。こうして混沌の海は空と大地、そして冥界に分けられた。

シューとテフヌトはそのほかの神々も生んだが、あるとき不運に

◉女神テフヌトと男神プタハ、現在のエジプトのルクソールに近いテーベのネクロポリスにあるラメセス2世葬祭殿ラムセウムのレリーフ。

◉ジェドホルの石棺の蓋の裏に刻まれている太陽を持ち上げる女神ヌト、前378頃〜341年。

見舞われる。ふたりは暗い海で行方不明になってしまった。父のアトゥムは嘆き悲しんだ。シューとテフヌトが見つかって戻ってきたとき、アトゥムは喜びの涙を流し、この涙が大地に落ちて最初の人間が生まれた。

空の神と大地の神という概念は神話にはよく見られるが、一般に空の神は男神、大地の神は女神だ。しかし古代エジプト神話では立場が逆転し、空の神ヌトは女神で、大地の神はヌトの兄であり夫であるゲブだ。

エジプトの創世神話に関する情報のほとんどは、紀元前2500年頃に造られたピラミッド内部の壁に刻まれたピラミッド・テキストに基づいている。

マルドゥクと女神の殺害

メソポタミア

メソポタミアとは、現在のイラク、イラン、トルコ、シリアの一部を含むザグロス山脈周辺地方の古代の呼称である。この名前は「ふたつの川のあいだ」を意味するギリシア語に由来し、チグリス川とユーフラテス川の流域地方を指す。時代や場所が違っても中心となる神々の顔ぶれは同じで、そのひとりがマルドゥクだ。数多くの創世神話と同様に、地域や部族によって細かい点は異なっている。

はじめは男神アプス（真水の神）と女神ティアマト（塩水の神）しかいなかった。ふたつの水が混じりあってラムとラハムが生まれた。ラムとラハムからアンシャル、キシャル、アヌが生まれた。この世代からエアと数多くの兄弟が生まれた。

エアとその兄弟は落ち着きがなく、絶えず騒ぎを起こしてうるさかったので、アプスはエアを殺そうと考えた。しかしエアがこのたくらみを聞きつけ、先手を打ってアプスを殺したため、神々のあいだで戦争が起こった。ティアマトは大蛇やライオンなどの怪物を造り、キングと呼ばれる指揮官が怪物たちを率いて天に攻め込み、エアとその兄弟に戦いを挑んだ。一方、エアは女神ダムキナとのあいだに偉大な神マルドゥクをもうけた。恐れ知らずのマルドゥクは、エアのために戦うことにした。

マルドゥクは恐ろしい姿のティアマト（混沌の化身）とその軍勢を打ち負かし、秩序と人間の世界を造った。マルドゥクが風を使ってティアマトを倒し、その体をふたつに引き裂くと、体の半分は大地に、もう半分は空になり、乳房は山々になった。マルドゥクは誰もが認める指導者になり、1年の月日と惑星、月、星々を造った。自

◉ティアマトとの戦いを宣言するマルドゥク。

◉現代のイラクにある古都バビロン。

分自身は太陽になった。

それからマルドゥクは大地の世話を任せ、神々を崇めさせるために人間を造った。戦いに敗れて死んだ怪物の体から骨を取り出して人間の形を造って命を吹き込み、できあがった最初の人間たちを大地に残して神々は天に昇った。

ティアマトはしばしば女性原理の象徴であり、戦いに勝ったマルドゥクは男性的性質の象徴だと言われる。マルドゥクは初代の王となり、彼の王国はバビロンと呼ばれた。マルドゥクの神殿はバベルの塔のモデルとなり、彼は「ベル」(「主」の意)の称号をつけてベル・マルドゥクと呼ばれた。マルドゥクを象徴する動物は蛇龍である。

宇宙卵

フィンランド

「世界卵」——あるいは「宇宙卵」——は、フィンランド神話も含めて多数の創世神話に見られる神話的モチーフである。19世紀に叙事詩『カレワラ』が発表されるまで、フィンランド神話は口承で受け継がれてきた。

はじめは天空と海しかなかった。天空の娘イルマタルは退屈と孤独にさいなまれ、休息のために海に降りた。彼女は700年間波間を漂いながら、ほかの誰かが現れるのを待っていた。ある日、膝を高くして浮かんでいると、1羽の美しい鳥が卵を産む場所を探しているのに気づいた。そこでさらに膝を高く上げると、鳥は膝の上に舞い降り、巣を作っていくつかの卵を産んだ。鳥が巣の中で卵を温めると、イルマタルの膝も温かくなった。あまりにも熱くなったので、イルマタルは膝を海に下ろして冷やそうとした。その拍子に卵が海に転がり落ちて、波に打たれて割れてしまった。

世界の創造はこれの卵のひとつから始まる。卵の殻の下の部分が大地になり、白身が月と星々に、黄身が太陽になった。さらに数百年間海に浮かんで過ごしたあと、イルマタルは創造の意欲に駆られて、腕で海岸を、足跡で小さな池を造った。イルマタルは海によって身ごもり、世界で最初の男性である息子のワイナミョイネンを生んだ。ワイナミョイネンは730年間も母の胎内にいたため、生まれたときはすでに赤ん坊ではなく、長くて白いひげをたくわえた老賢者になっていた。彼は天の大熊星に助けられて泳いで陸にたどりつき、種をまいて最初の植物をもたらした。

ワイナミョイネンはフィンランド神話では重要な英雄である。先を見通す力があり、歌で魔法をかけることができた。最大の敵であ

◉フィンランドのアウランコ自然公園。神話によれば、大地は割れた宇宙卵の殻から造られた。

◉イルマタルの息子で、フィン人とカレリア人の英雄ワイナミョイネンの像、モンレポ公園、ロシア。

る冥界の女神の魔女ロウヒを相手に、何度も戦った。

この創世神話の詳細は、19世紀にエリアス・リョンロートが編纂した叙事詩『カレワラ』にまとめられている。版によって、鳥は鴨、コガモ、あるいは鷲の場合もある。

割れ卵の下の破片(かけら)よりは、
今や固(かた)き大地が作られ、
割れ卵の上の破片(かけら)よりは、
空の高き穹窿(きゅうりゅう)が立てられ、
卵黄(きみ)よりは、その部分よりは、
今や輝(かがや)かしき陽(ひ)の光が生じ、
卵白(しろみ)よりは、その上の部分よりは、
いと明(あき)らかに輝く月を生じ、
雑色(ざっしょく)なりし卵の中身は、
今や大空の星となり、
黒かりし卵の中身は、
空に浮かぶ雲となりき。
(『カレワラ』、森本覚丹訳、講談社)

フィンランドでは現在も8月26日にイルマタルを称える祭りが行われる。

世界の誕生の歌

エストニア

エストニアは長い歴史を持つ小国で、民族の中心に歌がある。人口は少ないが、これまでに何十万曲もの民謡が生み出されている。

◉エストニアの美しい風景は何十万曲もの民謡と神話の舞台になっている。

◉エストニアの民族叙事詩の英雄カレヴィポエグ。彼はかついだ板を敵に投げつけて戦った。

エストニアでは、世界の誕生について次のように歌っている。1羽の鳥が3個の卵を産み、それぞれの卵が孵って、ひとつは太陽に、もうひとつは月に、最後のひとつは大地になった。この鳥は巣をかける場所を探して海の上を飛び、3個の卵を産む。卵は流されて、太陽、月、大地が誕生する。ほかのバージョンでは、鳥は低木の上を飛ぶ。木はたいてい3本で、鳥は最初の2本を通り過ぎてから最後の木を選ぶ。

いくつかのバージョンでは、この鳥はツバメとされているが、多くの場合、鳥の種類は明示されず、「きれいな鳥」や「小さな鳥」と呼ばれている。これらの歌物語ではたいてい青い羽毛を持っている。

エストニア神話の詳細は歴史年代記のあちこちに残されているが、エストニアの民話は19世紀まで体系的に記録されなかった。もっとも古い神話の痕跡は、労働、哀悼、英雄伝説のような幅広い題材を歌ったルーン文字で書かれた民謡に残されている。

ローミスラウ(「創造の」の意)は創造についての民謡で、国中にいくつも異なるバージョンが存在する。ローミスラウは歌に合わせて鳥、卵、巣の役を演じる参加者とともに演奏される。昔から伝わる古風なメロディはエストニア北部に見られ、より現代的で韻を踏んだ歌と踊りはエストニア南部に多い。

大きな釣り針にかかった陸地

ポリネシア

ポリネシア神話の偉大な英雄マウイの物語は、まだ赤ん坊だった彼が母親によって海に捨てられるところから始まる。母親は子供を自分の髪でくるみ、海に浮かべた。海はこの子の世話をし、特別な変身能力を与えた。青年になった彼は生まれた村へ戻り、母親と兄弟を探し出す。マウイには魔力があり、4人の兄弟よりはるかに強かった。

マウイは祖母のあごの骨で釣り針を作り、それを使って太陽をひっかけた。彼がその骨で太陽を打ち据えたせいで、空に戻った太陽はゆっくり動くようになり、人々はより長く働けるようになった。

ある日、マウイの4人の兄弟は釣りに出かけることにしたが、マウイを連れて行きたくなかったので、彼には黙っていた。しかし翌朝早く、マウイは兄弟のカヌーにこっそり乗り込んだ。兄弟たちは意気揚々と舟をこぎ出した。よい釣り場を見つけると、彼らはこぐ

◉ニュージーランドのベイ・オブ・アイランズに浮かぶウルプカプカ島。

手を止めた。しかしマウイは隠れていた場所から飛び出して、もっと遠くへ行こうと主張した。まもなくあたりは暗くなり、陸地が見えなくなった。兄弟は次々に眠りについたが、マウイは一晩中こぎ続けた。翌朝、マウイは満足のいく釣り場を見つけて喜んだ。しかし兄弟は疲れて不機嫌だったので、マウイに釣りの餌を分けてやらなかった。

そこでマウイは自分で作ったあごの骨の釣り針で自分の顔を叩いて鼻血を出し、その血を餌に使った。この特製の釣り針を海に投げ込むと、釣り針は深い海の底に沈んだ。釣り針に何かが引っかかる手ごたえがあって、マウイは釣り糸をどんどん引きはじめたが、獲物は普通の魚よりはるかに重くて手ごわかった。

マウイが魔法の呪文(カラキア)を唱えながら全身の筋肉を使って釣り糸を引くと、海の中から何かが上がってくるのを感じた。海が渦巻き、カヌーが揺れたが、兄弟は手を貸そうとしなかった。

マウイはとうとう巨大な魚を海面に引き揚げた。魚の尾ははるか北に、頭ははるか南まで届いていた。マウイは釣り針を外すため、兄弟を魚の上に立たせて、魚に手を出さないように言ってカヌーをこぎだした。

しかしマウイが離れていくと、兄弟はすぐに分け前を手に入れようとして魚を切り刻みはじめた。魚は痛みにもだえ苦しみ、なめらかだった背中はあっという間に谷や山におおわれた。やがてマウイの魚はニュージーランドの起伏の多い北島の陸地になり、彼のカヌーは南島になった。

マウイは名高いトリックスター

◉ニュージーランドの北島と南島は、マオリ語でそれぞれ、テ・イカ・ア・マウイ(「マウイの魚」)とテ・ワカ・ア・マウイ(「マウイのカヌー」)と呼ばれる。マウイは南島の場所に立ち、北島を海から引き揚げた。

◉ニュージーランドの伝説の英雄マウイ。神々の血を引くが、漁師になり、魔法のあごの骨を使って釣りをし、海の中からニュージーランドを釣り揚げた。

でもあり、創意工夫と独創性で知られている。マウイは火の女神マフイカをだまし、火を盗み出して人間に与えた。

彼は人間を死から解放したいと願い、それには死の女神ヒネ・ヌイ・テ・ポを殺せばいいと考えた。そこで蛇に姿を変え、女神の膣に入り込んだが、女神は騒々しい鳥の群れのせいで目を覚まし、体内でマウイをつぶして殺してしまった。

ヴェーダの創世神話

インド

インド神話の聖典ヴェーダが作られた時代の信仰は、古代ヒンドゥー教およびバラモン教とも呼ばれる。現在まで伝わる最古のインド神話は、前4000年頃に起源があると考えられている。

インド亜大陸で誕生したリグ・ヴェーダ、プラーナ、マハーバーラタ、ラーマヤナなどの聖典には、同一の基本的な物語が形を変えて記録されている。すべてのインド神話には詩的な感覚と、世界の神話には珍しい解釈の自由さがある。これらの聖典の文章にはふんだ

◉ヴェーダ時代から信仰されるヒンドゥー教の火の神アグニ。

◉カパレーシュワラ寺院のヒンドゥー教の神々、インド、チェンナイ。

んに比喩が用いられている。

基本的な物語は、万物の母としての大地の存在、創造と破壊はかつて一対だったこと、瞑想は力を蓄積する方法であること(ゆえに知力は身体的な力に等しいか、凌駕すること)を説いている。時は連続体として表され、この連続体の中で過去、現在、未来は同じものであり、確実なのは同じ出来事が繰り返されるということだけである。

最古の創世神話は、賛歌を集めたリグ・ヴェーダに見られる。これは侵略者であるアーリア人によって作られた4つのヴェーダのうち最初のもので、ヴェーダの教えの基礎を形成している。

神話のモチーフである宇宙卵はヴェーダの創世神話にも登場する。はじめに広大で深い海があり、有も無もなかった。海から黄金の卵が生じ、9か月のあいだ漂った。それから卵が割れて、殻の上に立つプラジャーパティが現れた。プラジャーパティは男でも女でもなく、両者が力強く結合した存在だ。プラジャーパティは1年のあいだ身動きせず、口もきかずに殻の上で休んでいた。1年後にプラジャーパティが沈黙を破ると、最初の言葉は大地になった。2番目の言葉は空になり、空は季節に分けられた。

プラジャーパティは未来を、自分が死ぬまで1000年のあいだ続く命を見ることができた。寂しさを感じたプラジャーパティは、自分をふたつに分けて夫と妻とし、ふたりで神々と人間を創造した。

はじめに誕生したのは火の神アグニで、続いて善神と邪神を含む多数の神々が生まれた。プラジャーパティは善神と邪神を分け、邪悪な子らを大地の深いところへ追いやった。

時がたち、プラジャーパティの美しい娘ウシャス(暁の女神)はきわめて魅力的な女性に成長した。ある日彼女が牝鹿の姿で歩いていると、プラジャーパティは牡鹿になって、嫌がる娘と交わった。この望まない交わりによってウシャスは世界中のあらゆる家畜を生む。ほかの神々はプラジャーパティの恥ずべきふるまいに驚き、憤った。彼らは報復のために破壊的な力を持つルドラを造り、プラジャーパティをどこまでも追跡させた。ルドラは牡鹿の姿のプラジャーパティを見つけると、矢を射て彼を空に飛ばした。プラジャーパティは夜空で「鹿の頭」と呼ばれる星座（現在の山羊座）になった。

ヴェーダ時代後のヒンドゥー教では、プラジャーパティはブラフマーと呼ばれる創造神と同一視されている。

犠牲による創造

中国とインドネシア

中国とインドネシアの神話には、神格を持つ超人的な存在が犠牲になり、その体が自然界の一部になるという共通のテーマがある。南太平洋地域では、これらの神々はデマ神と呼ばれている。数多くの言い伝えの中で、デマ神は儀式や知識とともに、その体から実用的な品々と人間の食料になる植物も授けた。

◉盤古

中国神話では、世界のはじまりに空と土地、天と大地の区別はなかった。あらゆるものが卵の形の中に収まっていた。この黒い宇宙卵の中にはすべての混沌が入っているだけでなく、陰と陽の均衡も保たれていた。最初の人間である盤古は卵の中で、1万8000年間ひとりで眠っていた。目が覚めると、盤古は伸びをして殻を破り、宇宙を創造するあらゆるものを解き放った。こうして空と大地が造られた。

長いあいだ眠っているうちに、盤古は巨人に成長した。混沌が終わったのに気づいて、盤古は秩序が永遠に続くように、自分の巨大な体で天と地を引き離した。彼はこの姿勢でさらに1万8000年生きた。それだけの時間がたったあと、盤古は死んだ。彼の体の各部分は、大地と空の重要な要素を形作った。手足は方位を定め、山脈を造った。血は川に、歯と骨は鉱物と岩になった。目は太陽と月になった。こうして盤古の死後、その体から万物と地形が生じた。

◉陰と陽で構成された宇宙のはじまりと盤古。陽は空を形成し、陰は凝縮して大地になった。

◉バリ島で多数の男性舞踊手によって演じられるケチャダンス。神話によれば、ハイヌウェレは部族の男性が演じる伝統舞踊の最中に襲われて殺された。

◉ハイヌウェレと作物の起源

南西太平洋のセラム島西部では、アメタがココヤシを最初に発見した人間とされている。彼は夢のお告げでココヤシの植え方を知った。3日後、ココヤシは大木に育った。木に登って花を取っていたとき、アメタは怪我をして、その血が花にしたたった。3日後、アメタはこの枝からひとりの少女が生まれて育っているのを見つけた。ハイヌウェレという名の少女は、高価な品物を体内から排泄物として出す不思議な力があった。彼女は気前よく宝物を配ったが、部族の男たちは彼女をねたみ、襲って生き埋めにしたあと、宝物をまき散らした。

アメタは少女の遺体を見つけると、それをばらばらにしてあちこちに埋めた。埋めた場所からイモが育ち、人間の食べ物になった。この事件のあと、人々の指導者である女神ムルア・サテネは自分の世界ではじめて犯された殺人に憤り、人間界を去ると宣言した。ムルア・サテネは出発前に、すべての人間に命じてひとつの門をくぐらせた。するとある者は門を通り抜けたあとで動物や精霊になり、ある者は人間のまま残った。この神話には、お金、穢れ、力、決まった数字が持つ厳密な秩序など、社会の仕組みに関する数多くの複雑な内容が含まれている。

この神話は20世紀初期に人類学者によってはじめて記録された。これが古代の神話なのか、あるいは社会経済学的な紛争を説明するために構築された比較的新しい伝説なのかという点について、論争が続いている。しかしこの神話は、狩猟採集民族から定住型農耕民族への移行という社会的変動にともなう不安を反映し、そのような変化が生じたときの男性と女性の関係を考える手がかりにもなっている。

アステカの創世神話

メキシコ

いくつかの創世神話と違って、アステカの物語は無限の循環の物語ではなく、明確なはじまりがある。アステカの創世神話は古代メキシコとその周辺地域で誕生し、多くの神話と同様に、長い時間をかけて発達した。それは誕生、死、そして再生の物語だ。世界が破壊されると、神のひとりがわが身を犠牲に捧げ、世界は新しい太陽とともに生まれ変わる。5つの太陽の伝説は、かつて5つの世界、そして5つの太陽が存在したことを物語っている。

はじめに虚無があった。続いて二元性の神オメテオトルが自分自身を創造した。この神は男と女、善と悪、混沌と秩序の両面を兼ね備えていた。男であり女でもあるオメテオトルは子供をもうけ、シペ・トテック（東）、ケツァルコアトル（西）、ウィツィロポチトリ（南）、テスカトリポカ（北）の4人の神々を生んだ。アステカ人は彼らの大帝国が宇宙の中心だと信じていたので、彼らにとって方位は非常に重要だった。

この4神は水の神をはじめとする神々を創造した。一部は魚、一部はワニの海の怪物シパクトリも造った。この怪物は巨大で、あらゆるものを飲み込んだ。4神はシパクトリと戦うことに決め、怪物を攻撃して4つの方角に引っ張って倒した。引き裂かれた怪物の体から宇宙が創造された。

この神話には別のバージョンもある。時のはじまりには、広大な荒れた海で泳ぐ地母神コアトリクエしかいなかった。この女神は月、太陽、星々を創造し、大地の女神コヨルシャウキを生んだ。コヨルシャウキとそのほかの子供たちは天に昇った。

ある日、コアトリクエは丸まった羽毛のかたまりを見つけ、それ

◉メキシコ国立人類学博物館に展示されたコアトリクエの像、メキシコ市。

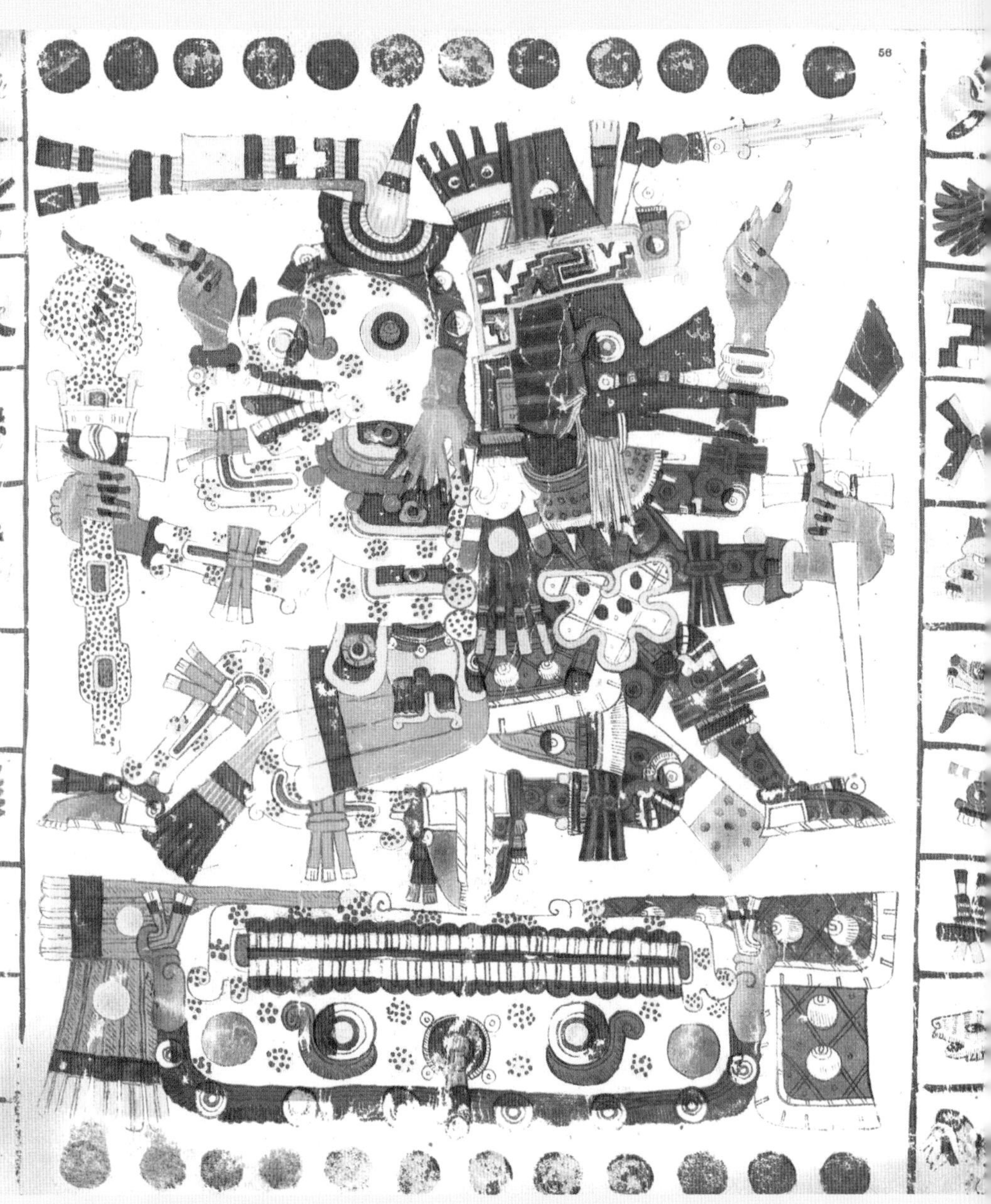

◉死の神、冥界の支配者ミクトランテクウトリ(左)と、知恵、生命、知識、明けの明星の神、風と光の守護者、西の支配者ケツァルコアトル(右)。このふたりで生と死を象徴している。

を衣服の中にしまい込んだ。彼女は羽毛の力で妊娠し、それを知った天上の子供たちは激怒した。彼らは母親の言い分を信じず、家族に恥をかかせたと思って、母親を殺すことに決めた。子供たちから逃げていたとき、コアトリクエは時が来たと告げる胎内の子の声を聞いた。彼女は完全武装した燃え盛る太陽の神、ウィツィロポチトリを生んだ。彼は燃える剣の一振りで、大地の女神コヨルシャウキを一刀両断し、ふたつに分かれた体を別々の方向に投げた。上半身は空に飛んで天になり、下半身は海に落ちて大地となった。

ウィツィロポチトリは天に昇り、母のコアトリクエは大地にとどまった。もうひとりの息子、羽毛のある蛇のケツァルコアトルは、灰から最初の人間を創造した。はじめに大地はこの新しい種族である人間が必要とするものをすべて与えた——彼らは安全で、病気にかからず、食べ物は豊富だった。しかし人間は欲深くなり、大地の恵みを当たり前と思うようになって、神々を敬わなくなった。ケツァルコアトルは激怒し、すべての人間を洪水で洗い流すことにした。

タタとネネの夫婦だけは欲のない人間だったので、ケツァルコアトルは彼らを救うことにした。この夫婦は子供を生み、前より慎ましい新たな人間たちで世界をふたたび満たした。しかし、コアトリクエは以前のように寛大ではなくなり、人間の血を貪欲に求めて、地上の富を保つのと引き換えに毎年ひとりの人間の心臓を捧げるよう要求した。

普遍的な神話の「蛇」

世界の神話

蛇は世界のほとんどすべての神話に登場する。蛇は獲物に催眠術をかけるか、魔力で動けないようにするとしばしば考えられている。人間は大昔からこの生き物に魅了される一方で、嫌悪感も抱いてきた。神話に関係があるのは、主に蛇の毒と、姿を変えてふいに襲ってくる能力だ。神話に登場する蛇の一例として、自分の尾を口にくわえた蛇、ウロボロスがいる。これは古代から伝わる永遠の象徴である。古代エジプトでは、蛇は不死の、そして死の象徴でもあった。ファラオは王権と神性の象徴として蛇型の記章を王冠に飾った。

聖書に記された最初の人間たち——アダムとエヴァ——の故郷であるエデンの園の物語で、蛇は重要な役割を果たしている。神が禁じているにもかかわらず、蛇は善悪の知恵の木の実を食べるようにアダムをそそのかす。こうして蛇は知識と知恵を授けてアダムを堕落させた。その結果アダムとエヴァはエデンの園から追放され、最初の人間たちに死の概念がもたらされた。

この世界では、蛇の脱皮は不死と結びつけられている——脱皮して新しく姿を現す蛇は再生の象徴だ。蛇はかなり高齢まで生き、大地を知り尽くしていると考えられて、大いなる知恵の持ち主とみなされている。新約聖書でイエス・キリストは信徒たちに、「蛇のように賢く」あれと説いている（マタイによる福音書10章16節）。『ギルガメシュ叙事詩』（下巻98頁参照）では、1匹の蛇がギルガメシュから不死の植物を奪い取り、それを食べて脱皮する。

ほとんどすべての文化に、賢く大地を支配する蛇の伝説がある。数多くの神話で、蛇は空から降り立ったと言われる。銀の卵に入っ

◉バーズビルとベトゥータの近くに描かれたドリームタイムの蛇、クイーンズランド州内陸部、オーストラリア。この芸術的な作品は川の本流と支流を結びつけるために蛇が通った道を象徴している。

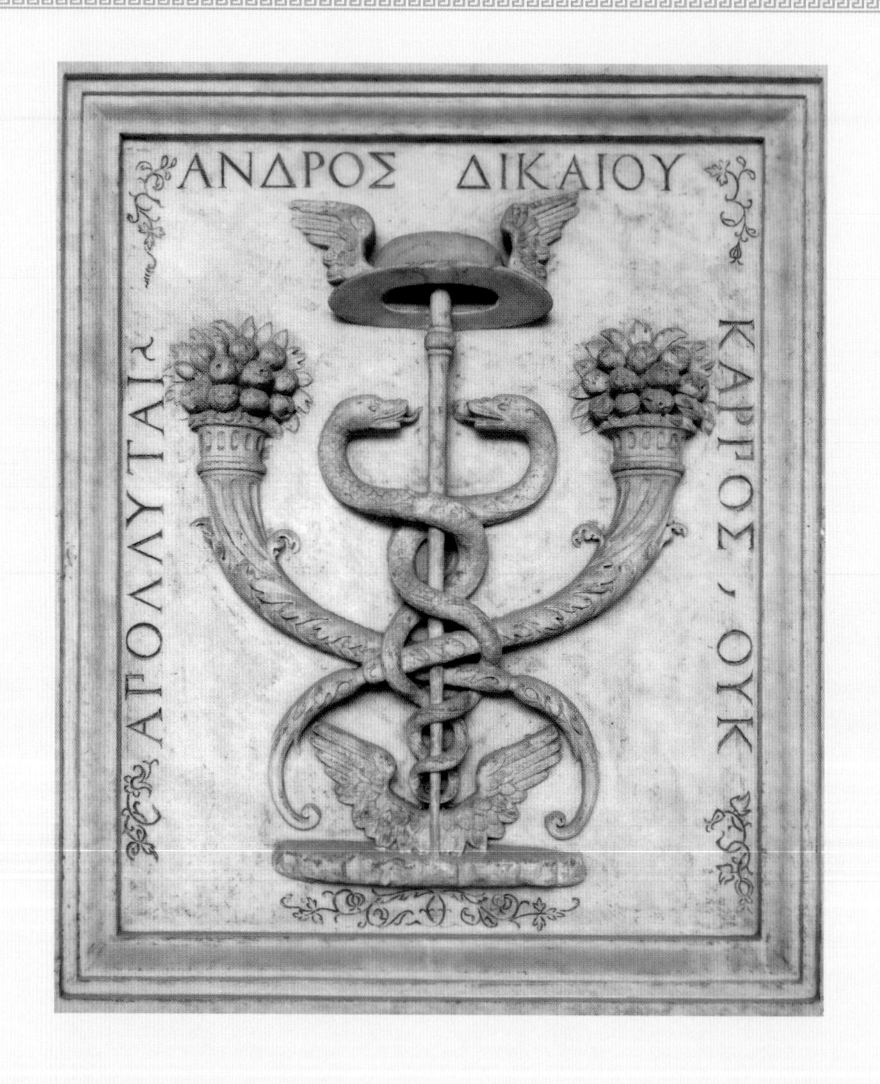

◉2匹の蛇が巻きついた伝令使の杖を描いたカドゥケウスの図像。ギリシア・ローマ神話では、この杖は神々の伝令使ヘルメスとマーキュリーが持っている。

て天から降りてきたアステカの羽毛のある蛇、ケツァルコアトルもそのひとりだ。

オーストラリアのアボリジニなど、数多くの先住民族が虹の蛇を崇拝している。虹の蛇はアフリカのいくつかの部族の神話にも登場し、アイド・ウェドと呼ばれて、大地を支えていると信じられている。

蛇はギリシア神話全体に姿を現している。ゴルゴン三姉妹のひとり、メデューサは髪の毛が蛇で、出会うものすべてを恐怖で凍りつかせた。神話に登場する両頭の蛇は体の両端に頭があるため、二枚舌で、非常に危険な存在だ。アイスキュロスの悲劇『アガメムノン』で、カッサンドラはクリュタイムネストラの裏切りを示唆して、彼女を双頭の蛇と呼んだ。

脱皮する能力によって、蛇には癒しの力があると信じられるようになった。杖(アスクレピオスの杖)に巻きついた蛇は、医者の象徴である。医術の神アスクレピオスは死者をよみがえらせたので、自然の秩序を乱した罪でゼウスに雷を打たれて殺された。双子の蛇が巻きついたアスクレピオスの杖の形は、2匹の蛇がとぐろを巻く翼のあるカドゥケウスと呼ばれるヘルメス神の杖と混同されやすい。カドゥケウスは神々の伝令使で、死者の冥界への案内人、商人、羊飼い、博徒、嘘つき、泥棒の守護者ヘルメスの象徴である。

男は鳥、女は魚

朝鮮

古い朝鮮の神話では、男性は鳥、女性は魚と同一視される。女性に関する物語はしばしば海や水との関わりがあり、男性の物語には空、風、雨との結びつきがある。これは父なる空と母なる大地という一般的な神話のテーマが形を変えたものだ。これらのテーマは、朝鮮の3王朝(高句麗、百済、新羅)にまつわる伝説や民間伝承を集めた『三国遺事』に詳しく書かれている。この本の最古の版は1280年代に漢文で執筆された。

伝説によれば、朝鮮半島南部のある地方には9人の長老がいたが、国王がいなかった。ある日、天から声が聞こえ、人々に亀旨（クジ）峰という山に行くように告げた。ふたりの長老と数百人の人々が山のふもとに集まった。天からの声は彼らに山頂へ行って穴を掘り、歌い踊

◉ソウル大学に展示されている『三国遺事』。この文書の最古の版は1280年代に編纂されたと考えられている。現存する最古の版は1512年に作成された。

る(今日ではこの歌は亀旨歌と呼ばれている)よう命じた。人々が言われたとおりにすると、天から紐で吊るされた黄金の器が下りてきた。器を開けてみると、中に6個の玉が入っている。人々は器を閉じて長老たちの家に運んだ。翌朝ふたたび器の中を見ると、玉はひとりの男の赤ん坊に変わっていた。

◉朝鮮人の神話的な信仰は、仏教と中国神話、そして朝鮮固有のシャーマニズム信仰から深く影響を受けている。アニミズム(下巻201頁参照)は、特に山々や蛇などの生物を崇拝するという点で、朝鮮神話の主要な一面である。

この赤ん坊は首露(スロ)(キム・スロまたはソー=ローとも呼ばれる)と名づけられ、たちまち大きくなって、すぐに2メートル70センチもある大男に成長した。彼は伽倻(カヤ)と呼ばれる地方を支配し、そこに宮殿を建てた。9人の長老は首露に妻をめとるように勧めたが、彼は自分のことは天に任せてあると言って断った。インドから船に乗って16歳の王女、許黄玉(ホ・ファンオク)がやってきて、首露はこの王女と結婚した。王女の両親は娘が王と結婚する夢を見て、彼女が運命の相手とめぐりあうように送り出したのである。許黄玉は女王として157歳まで生きた。

首露は鳥に姿を変える。彼の妻は魚に変身するわけではないが、海を渡ってきたことから、水と関係づけられていることがわかる。

【空の神と水の精霊】

女神の柳花(ユファ)は水の精霊で川の神の娘であり、解慕漱(ヘモソ)は雄鶏の羽飾りを頭につけた空の神だ。解慕漱は柳花を手に入れたくて、銅の宮殿を建てて彼女をおびき寄せた。柳花とその姉妹は突然現れた宮殿に興味をそそられて中に入った。解慕漱の従者は扉のかんぬきをかけようとしたが、姉妹のうちふたりは逃げ出した。しかし柳花は閉じ込められ、さらわれて解慕漱の妻にされた。

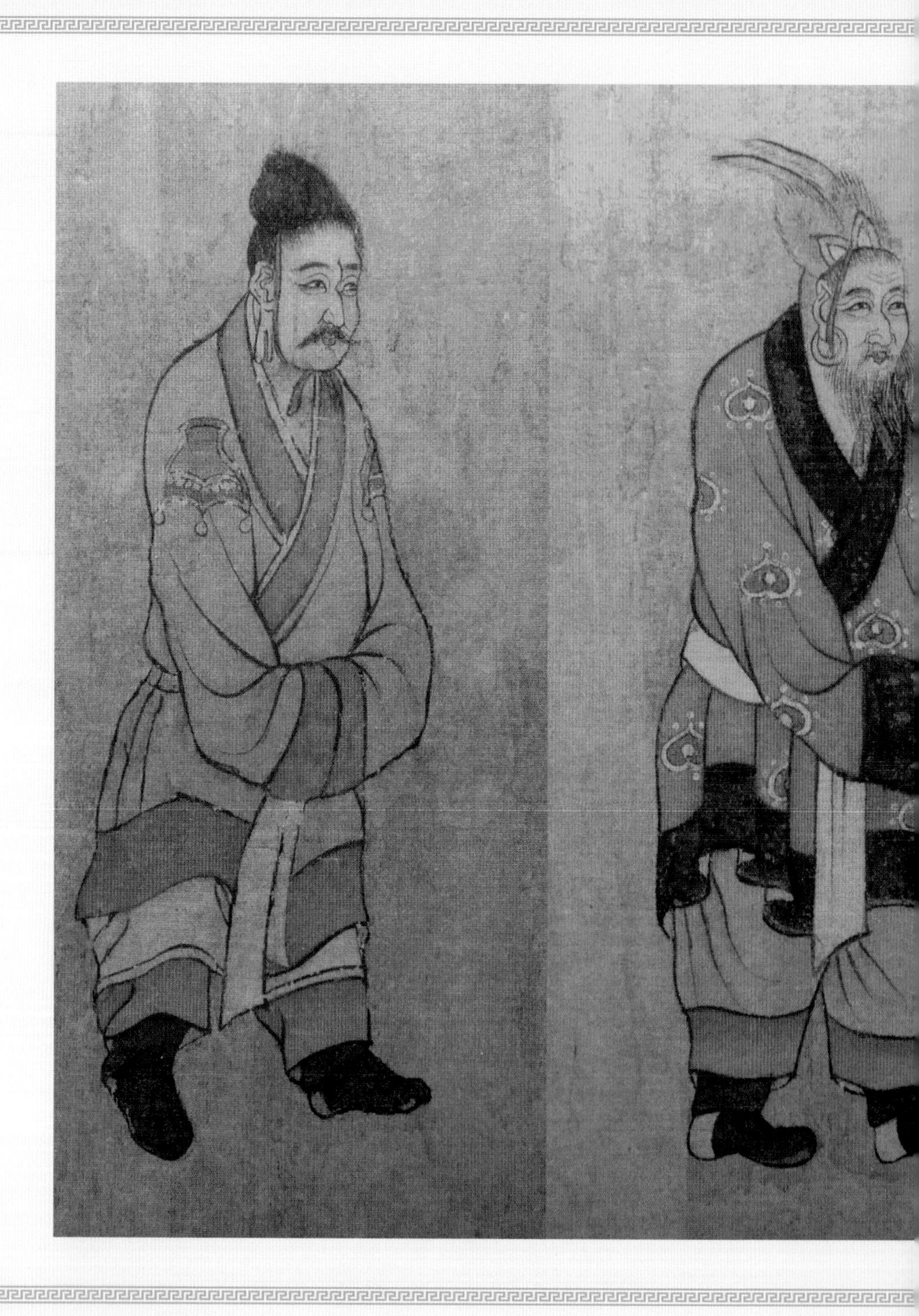

◉朝鮮半島の3国、百済、高句麗、新羅からの使者。

火と光の起源
世界の神話

火の発見と管理は、火がもたらす暖かさと快適さ、安全性だけでなく、火が食べ物の調理に果たした重要な役割という点でも、人類の重要な発達段階のひとつである。アメリカ先住民の民間伝承には、火の起源に関するたくさんの話がある。

ミクマク族の伝説によれば、半神のクラスキャップ(グルースキャップとも呼ばれる)はヌクミというひとりの賢い老女に出会った。クルスキャップは彼女から知恵を学びたいと願った。ヌクミは彼の祖母になったつもりで知恵を授けようと言ったが、植物や木の実しか食べないせいで命が尽きようとしていた。クラスキャップは動物の友人たちに助けを求め、コマツグミに雷が落ちた場所へ飛んでいって、火の粉を取ってきてほしいと頼んだ。火の粉が熱すぎたので、コマツグミは2本の枝でそれをはさんで運んだ。飛んでいると、風が火の粉を散らしてコマツグミの胸は赤くなった。しかしコマツグミは無事にクラスキャップとヌクミに火を届け、彼らはそれを使って料理した。これが今日でも火を熾こすときに2本の枝をこすり合わせ、すべてのコマツグミの胸が赤いわけである。

◉プロメテウスと火の贈り物

ギリシア神話では、ティタン族の神プロメテウスが人間のために火を盗み出して葦の茎に隠し、いとこのゼウスの怒りを買った。ある神話ではプロメテウスは人間の創造者とみなされ、創造物に火で生命を与える姿がしばしば描写されている。彼は陶器を作る粘土から最初の人間を造り、神々の姿に似せて2本の脚を与えたと言われて

◉[左]1865年に撮影されたミクマク族の写真。
◉[下]昔から伝わる物語に基づくダンスを披露する「ミクマク伝説」という催し。

◉ティタン族の神の永遠の責め苦を描いた『プロメテウスの緊縛』(1640〜45年頃)、ヤーコブ・ヨルダーンス画。

いる。

プロメテウスは先見の明を持つ神、火をもたらす者、死すべき者の友として知られる。人間に火を与えた行為によって、プロメテウスは重要な文化英雄とみなされている。それまで、火を使えるのは神々だけだった。

ゼウスは罰としてプロメテウスを岩に鎖で縛りつけた。彼の肝臓は毎日鷲に引きずり出されて食われるが、翌日には傷が治って、また鷲につつかれる。ゼウスは永遠にプロメテウスを解放しないと宣言したが、ヘラクレスが鷲を射て、プロメテウスを自由の身にした。しかしゼウスは、プロメテウスを岩につないでいた鎖の輪のひとつを指輪として彼の指にはめさせた。

プロメテウスは未来が見通せる予言者である。ゼウスが人間を滅ぼすために大洪水を計画していたとき、彼はそれを見越して息子のデウカリオンに警告し、彼を逃がした。

大洪水

人間はつねに大洪水などの自然の猛威に翻弄されてきた。このような破滅的な事件は、しばしば神々による人間への罰として説明される。ときにはノアの箱舟の物語のように、大洪水は人類を滅ぼしてやり直すための神々の計画として描かれる。

ノアの箱舟

中東

ノアの箱舟の物語は旧約聖書の『創世記』に書かれている。箱舟が実際に存在し、トルコのアララト山に漂着したと信じている人は多い。

アダムとエヴァが造られてから長い時間がたった頃、神は世界に堕落した人間が満ちあふれているのを見て憤った。ひとりだけ戒律を守る善良な人間がいて、名前をノアといった。神はノアを祝福し、よこしまな人間をすべて滅ぼすことにしたが、ノアとその家族だけは助けようと言った。神はノアに箱舟と呼ばれる巨大な船の建造を命じ、彼の家族とあらゆる種類の動物の雄と雌を1頭ずつ乗せるように命じた。神は40の夜と昼のあいだ雨を降らし、大地を洗い流そうと計画した。生き延びるのはノアの箱舟に乗り込んだ動物たちと彼の家族だけである。

ノアはすべて神のお告げのとおりにした。何日もかけて箱舟を作り、家族と動物たちを乗せ、長期間暮らせるだけの食べ物を積み込んだ。

約束どおり神は40の昼と40の夜のあいだ雨を降らせたが、ノアと家族と動物たちは箱舟の中にいて無事だった。ようやく雨が止むと、ノアは毎日1羽の鳩を飛ばして陸地を探させた。鳩は何日も何も持たずに帰ってきたが、ある日ようやく、くちばしにオリーブの枝を加えて戻った。水が引き始め、陸地が見つかるという印である。

箱舟はアララト山に漂着した。ノアと家族は1年ぶりに船を降り、洪水を生き延びたことに感謝した。邪悪なものがすべて洗い流されたので、神もまた満足した。ノアは子孫を増やし、神を信じる善良な人々がふたたび大地で暮らすようになった。

◉サン＝サヴァン・シュル・ガルタンプ修道院付属教会にある12世紀ロマネスク様式のフレスコ画に描かれたノアの箱舟、フランス。

◉『ノアの箱舟への乗船』、ヤン・ブリューゲル(父)画、1613年。ノアに率いられて遠くの箱舟を目指す動物たちが陸と空を埋めつくしている。

神樹の神話

朝鮮

朝鮮神話には、朝鮮のシャーマニズム信仰、中国神話、仏教の影響を受けたいくつかの大洪水の伝説がある。ナム・ドリョン、あるいはナム・トリョン（神樹の息子）の神話は特に有名だ。精霊とクスノキの間に生まれた少年ナム・ドリョンは、低木の茂みを自由気ままに歩き回っていた。大雨が降って洪水になったが、ナム・ドリョンはクスノキに乗って浮かんでいたおかげで無事だった。彼は動物たちも助けたいと思い、蟻や蚊などの小さな生き物から順に、自分が乗っている木の上に乗せた。もうひとりの少年も助けた。

クスノキがようやく朝鮮で一番高い白頭山（ペクドゥ）の頂上に漂着すると、そこにはほかの生存者もいた。賢い年配の女とその娘、そして女の養女である。女はふたりの少年のうち賢い方と実の娘を結婚させたいと思い、彼らを試すために砂に混ざった穀物を早く集められた方と娘を結婚させると言った。ナム・ドリョンは彼が助けた蟻の力を借りて勝った。

賢い女は彼が助けを借りたことに気づいて、次は運試しをしようと言った。そしてふたりの娘を別々の暗い部屋に閉じ込め、少年たちにどちらかの部屋を選ばせた。今度はナム・ドリョンが救った蚊が部屋の中に飛んできて、どちらの部屋にどの娘がいるかを教えた。

こうしてナム・ドリョンは女の娘と結婚し、もうひとりの少年は養女と結婚して、彼らは子孫を増やした。

この神話のおかげで、活動が静穏化した活火山の白頭山は朝鮮人のアイデンティティと誇りの中心になった。この山は今でも朝鮮民主主義人民共和国と韓国の人々によって、そしてこの山をはさんで国境を接する中国の人々によって、聖地とみなされている。

◉朝鮮半島原産のクスノキ(学名*Cinnamomum camphora*)。ナム・ドリョンはこのようなクスノキの流木につかまって洪水から生き延びた。クスノキは白頭山に流れつき、ナム・ドリョンはそこでほかの生存者に出会った。

◉中国と朝鮮民主主義人民共和国の国境沿いにそびえる白頭山は活火山で、頂上にカルデラ湖の天池がある。この山は現在も朝鮮人の精神的な故郷として、南北朝鮮両方の国民から崇められている。

ナナボジョと大蛇

北アメリカ

アメリカ先住民、特に北アメリカのアルゴンキン族の人々のあいだには、数多くの変化に富んだ洪水物語が伝わっている。よく知られているのはナナボジョと大蛇の物語だ。ナナボジョはナナブッシュ、そして(アベナキ族が暮らす地域の北部に分布する東部アルゴンキン諸族のあいだでは)トカカベシュなどの名前でも知られている。

オジブワ族の伝説によれば、西風の息子ナナボジョはある日家に帰って、いとこが行方不明になっているのを知った。蛇が這った跡をたどっていくと、湖に着いた。水の中をのぞき込むと、大蛇と悪霊の住みかがあった。ナナボジョのいとこは大蛇に殺され、体は水の底に沈んでいた。ナナボジョはいとこの仇を取るために、大蛇めがけて矢を放った。しかし大蛇は息絶える前に悪霊を使って洪水を起こした。ナナボジョは押し寄せる水から逃れ、山の頂に集まっていた村の人々に危険を知らせた。まもなくナナボジョがいる山をのぞいて、すべての大地と山々が水に沈んだ。ナナボジョは丸太でいかだを作り、何人かの人間と数頭の動物を助けた。最後に残った山もまもなく姿を消した。ようやく水が引いたとき、人々は大蛇がすでに死んで、村に戻っても大丈夫だと知った。

◉オウイメットキャニオン州立公園、オンタリオ州サンダーベイ。大洪水が起き、ナナボジョと大蛇が戦った場所と伝えらえる。

創造主のパイプ

北アメリカ

モンタナ州中北部に暮らすアルゴンキン語を話す平原インディアンのエイアニ（アイアニニン、ヘイアニニン、アトシナ、グロヴァントルとも呼ばれる）**族の伝説によれば、創造主は野蛮な人間たちと彼らの生き方に失望し、新しい世界を造ろうと決めた。**

創造主は長いパイプを取り、そこに何本かの棒と乾いたバッファローの糞をつけて水に浮かべた。続いて彼は3度歌い、3度叫んでから大地を蹴った。大地は割れ、洪水が襲った。彼はしばらくひとりでパイプに乗って漂ってから、パイプの中に入れておいた動物たちを外に出した。まず亀を水に潜らせて、陸地が見つかるかどうか調べさせた。亀は泥を少し持ち帰ったので、創造主はそれを使って陸を造り、続いて大地から数多くの人間と動物を造った。彼は人々が正しい行動をすれば、二度と洪水を起こさないと約束し、雨が上がった印として虹を見せた。

◉19世紀に描かれたミズーリ川沿いのエイアニ族の居留地、カール・ボドマー画。

大洪水と大禹

中国

中国の神話はこの国の3大宗教――仏教、道教、儒教――から発達した。

禹は中国神話の古代の英雄で、中国では偉大な禹という意味で、大禹と呼ばれている。大禹は洪水を制御した功績で名高い。鯀禹の大洪水(「中国の大洪水」や「鯀禹神話」とも呼ばれる)は、少なくとも2世代にわたって繰り返された大洪水で、大きな被害をもたらして人々の住む場所を奪った。

鯀(禹の父親)はおよそ10年のあいだ治水に尽力したが、成果が上がらなかった。息子の禹が引き継いで新しい方策を考案し、川の水を海に流す水路を掘ったことで、洪水を効果的に制御できるようになった。大禹は中国人に農耕を教え、彼が水と土を管理して最大限に活用できるようにしたとも言われている。禹はアヒル、ガチョウ、魚の繁殖方法を民衆に教え、禹の息子が米と穀物を栽培する方法を伝えた。

禹は結婚してわずか4日後に治水事業のために家を離れた。息子が生まれても13年間家に帰らず、自分の都合より民衆の願いを優先した。

当時、支配者は民衆によって選ばれた。大禹は民衆に支持され、舜から帝位を譲られた。前2070年に禹は夏王朝を建て、中国史に新しい時代を開いた。禹の跡を息子の啓が継いだことで、王朝の世襲という新たな慣習が生まれた。

禹が実在した証拠はなく、彼は実際の人間というより神または神話的な動物だったとする説もある。神話の中には、禹が水路を掘る龍や泥をかき分ける亀の助けを借りたという物語もある。

郵便はがき

料金受取人払郵便

新宿局承認

3556

差出有効期間
2025年9月
30日まで

切手をはら
ずにお出し
下さい

160-8791

343

東京都新宿区
新宿一－二五－一三
（受取人）

株式会社 原書房

読者係 行

1608791343 7

図書注文書（当社刊行物のご注文にご利用下さい）

書　名	本体価格	申込数
		部
		部
		部

お名前　　　　注文日　年　月　日

ご連絡先電話番号（必ずご記入ください）　□自宅　（　　）　□勤務先　（　　）

ご指定書店（地区　　　）（お買つけの書店名をご記入下さい）　帳合

書店名　　書店（　　　店）

7391

[ヴィジュアル版] テーマとキャラクターで見る世界の神話 [上]

愛読者カード　テリー・アン・ホワイト 著

＊より良い出版の参考のために、以下のアンケートにご協力をお願いします。＊但し、今後あなたの個人情報(住所・氏名・電話・メールなど)を使って、原書房のご案内などを送って欲しくないという方は、右の□に×印を付けてください。　□

フリガナ
お名前　　男・女(　　歳)

ご住所　〒　　－

市　町
郡　村

TEL　(　　)
e-mail　@

ご職業　1会社員　2自営業　3公務員　4教育関係
5学生　6主婦　7その他(　　)

お買い求めのポイント
1テーマに興味があった　2内容がおもしろそうだった
3タイトル　4表紙デザイン　5著者　6帯の文句
7広告を見て(新聞名・雑誌名　　)
8書評を読んで(新聞名・雑誌名　　)
9その他(　　)

お好きな本のジャンル
1ミステリー・エンターテインメント
2その他の小説・エッセイ　3ノンフィクション
4人文・歴史　その他(5天声人語　6軍事　7　　)

ご購読新聞雑誌

本書への感想、また読んでみたい作家、テーマなどございましたらお聞かせください。

◉禹王、台北の国立故宮博物院所蔵の掛け軸より。

禹は黄河流域の地図を后土(大地の女神)あるいは河伯(黄河の神)から与えられた。

◉王村(芙蓉鎮)、湖南省、中国。

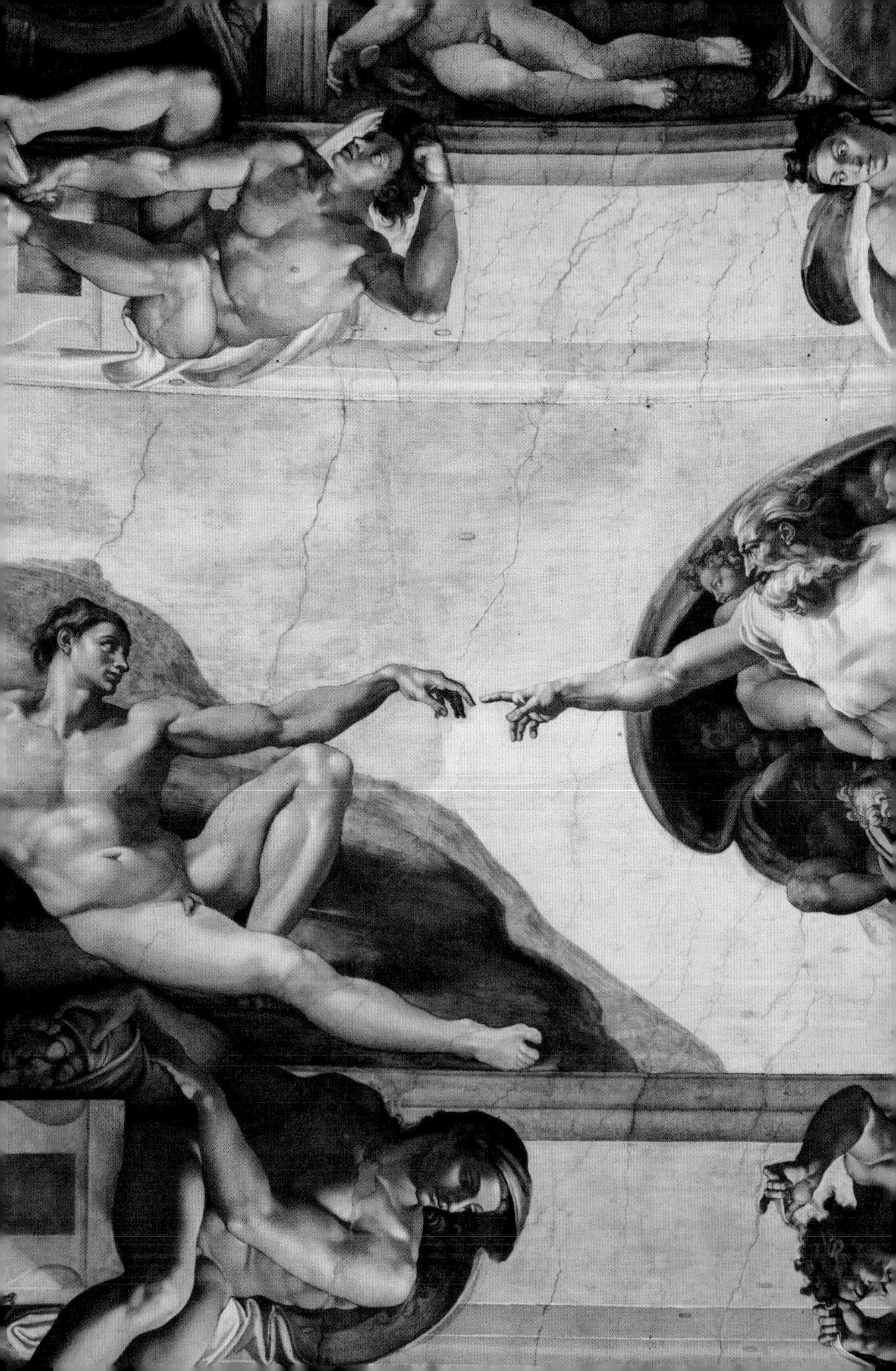

宇宙論

ここではさまざまな世界の神話とそのなりたちを取り上げる。古代人は言葉を発達させると、高度な娯楽の感覚で世界を探究しはじめた。世界各地にこれほど豊かな物語と信仰体系が伝えられているのは、物語を作る彼らの能力のおかげだ。この能力は、星々はどこにあるのか、天と地はどのような仕組みで動くのか、冥界とは何かなど、宇宙について考え、宇宙の主要な構造を考察する空想的な方法として役立っている。宇宙論は、詩、そして自然現象と抽象的なものごとに対する詩的な取り組みと並んで、私たちの祖先がはじめた真剣な宇宙への探究である。

邪悪な世界

ペルシア

ゾロアスター教はイスラム教以前のペルシアの宗教で、現在でもイランの辺鄙な地域やインドの一部地域で信仰されている。前6世紀に預言者ゾロアスターが創設したゾロアスター教は、キリスト教とイスラム教の中心的思想の多くを共有している。ゾロアスター教は前600年から紀元650年までペルシアの国教だった。

ゾロアスター教徒は唯一神アフラ・マズダ(知恵ある神)が世界を創造したと信じている。アフラ・マズダはアヴェスター語で唯一神と創造主を指す言葉で、オフルマズド、オルマズドとも呼ばれる。開祖ゾロアスターは30歳のとき、聖なる儀式のために水を汲んでいて啓示を受けた。彼はアフラ・マズダの前に導かれて、のちにゾロアスター教となる「良い信仰」の基本的な教えを授けられた。ゾロアスターはアフラ・マズダが「創造されざる霊」であると説いた。聖典は『アヴェスター』と呼ばれている。

ゾロアスター教の根本的な二元性は、アフラ・マズダにアンラ・マンユという双子の兄弟がいるという事実に表れている。アフラ・マズダは善と叡智の具現化であり、アンラ・マンユは悪の象徴である。

この二元性がゾロアスター教の根本的土台であり、善と悪は宇宙においても倫理においても完全にふたつに分離し、それぞれが別の領域を占めているとみなされている。宇宙ではアフラ・マズダ(善)とアンラ・マンユ(悪)が延々と闘争を繰り広げ、倫理的には個人の心の中で善と悪の相反する力が戦っている。

アフラ・マズダは創造のエネルギーを注いで純粋で完璧な世界を

◉アンラ・マンユとの戦いに勝利するアフラ・マズダを描いた19世紀の絵画。

گفتار نیک

◉ゾロアスター教のシンボル、ファラヴァハール。古代ゾロアスター教の拝火神殿、ヤズド、イラン。ファラヴァハールはゾロアスター教の基本的教義である善き思考、善き言葉、善き行いを象徴している。現代では、ファラヴァハールはイラン国民のアイデンティティを示す世俗的シンボルになっている。

造った。しかしアンラ・マンユは常にこの建設的なエネルギーに対抗し、疫病、老い、飢饉などの破壊的なエネルギーで攻撃する。

神は人間を創造したとき、すべての人に自由意思を与えた。したがって善と悪のどちらにしたがうかは、各自の選択に任されている。善にしたがう人々の道は、平和と天国での永遠の幸福に通じている。悪にしたがう人々の道は苦悩に通じ、最後には地獄に落ちる。すべての人間が善を選んだとき、地上に平和が訪れ、悪は退治される。

ゾロアスター教の信仰と聖典は、善と悪の力の絶え間ない闘争という考え方を基礎とし、最後には神と清浄さが勝利を収めると信じている。悪の存在は私たちの世界を傷つきやすく不安定にする。ゾロアスター教の聖典は、日々の生活に細心の注意を払い、善き思考、善き言葉、善き行いというゾロアスターの3つの戒律にしたがって生きるよう戒めている。

アフラ・マズダは彼を助けるヤザタと呼ばれる神々を創造し、世界にあらゆる苦悩と罪をもたらす悪神アンラ・マンユとの戦いに人間を参加させた。アンラ・マンユはアフラ・マズダの双子の兄弟とされているが、アフラ・マズダより劣った存在とみなされている。最後にアンラ・マンユは倒され、善が悪に打ち勝つ。

アンラ・マンユと彼に加勢するダエーワと呼ばれる悪神たちは正義の道から人間を引き離し、アフラ・マズダの完璧な創造物に混沌と破壊をもたらそうとする。

アンラ・マンユは伝統的にアフラ・マズダと対極の関係にあると考えられているが、近代のゾロアスター教では、アンラ・マンユは第一存在者、つまり完全な神から流出したものであるという流出説を唱えている。

善と悪の戦い

中東

キリスト教では、神はアダムとエヴァが創造される前から、サタンと呼ばれる悪魔と叙事詩的闘争を繰り広げていると信じられている。

神が天と地を創造する前、ルシファーという名の位の高い天使が神に仕えていた。ルシファーはほかの数人の天使を仲間にして神に反逆し、大いなる戦いが始まった。神が創造した美しい大地は荒らされ、ルシファーは「敵対する者」を意味するサタンの名で呼ばれるようになった。サタンとともに謀反に加わった堕天使は、「悪霊」を意味するデーモンとなった。

サタンとデーモンは罰を受けて地獄に落とされ、神は大地を再創造し、アダムとエヴァをエデンの園に住まわせて、彼らに善い生活をする方法を教えた。それは神の定める法を疑いもなく受け入れること、そして「至福の無知」の状態で生きることなどである。

しかし、サタンとデーモンは性懲りもなくエデンの園に忍び込んだ。サタンはアダムとエヴァに神の言いつけを聞く必要はなく、ふたりには選択の自由があるとそそのかした。その結果、罪と死が世界にもたらされた。

神は嘘つきの暴君だとサタンがアダムに信じこませたために、アダムはずるがしこい蛇にそそのかされて知恵の木の実を取って食べ、この世に罪が生まれた。キリスト教徒はこの欺瞞と混乱が世界に闇をもたらし続ける元凶であり、いかに生きるかを人々に教えられるのは神だけであると信じている。

キリスト教会は、真理と光を選んだ者と、偽りと闇を選んだ者は区別されると信じている。キリスト教の神学者は、神が悪魔を創造

◉『アダムの創造』、旧約聖書の『創世記』より9つの場面を描いた天井画の一部、ミケランジェロ画、ヴァチカンのシスティーナ礼拝堂、1508〜1512年。

◉ドイツの画家アルブレヒト・デューラーによる版画。アダムは生命の木の枝を持ち、エヴァは禁断の知恵の木の枝を手にしている。

したのかどうかという点で論争を続けている。神はルシファーを創造し、ルシファーは悪魔になった。しかしルシファーはもとは天使であり、自分の行いによって邪悪になったにすぎない。イエス・キリストが十字架にかけられたとき、サタンから権威を奪ったので、サタンはキリストにしたがう人々を操ることができなくなった。サタンが影響力を行使できるのは、彼の嘘を信じることを選んだ人々だけである。

サタンのいる領域は地下——北欧神話の冥界の女神「ヘル」にちなんで、「ヘル(地獄)」と呼ばれる——だが、サタンは今も地上に力をおよぼしている。神はサタンの影響を案じ、地上にわが子イエス・キリストを送られた。聖書はキリストが人々をふたたび正しい道に導くために来たと伝えている。

ヨルバ族の哲学

ナイジェリア

現在、ヨルバ族の人口はおよそ4300万人で、彼らは主にナイジェリアで暮らしているが、周辺諸国にも広がっている。ブラジルとキューバでも16〜18世紀にアフリカから連行された奴隷の子孫がヨルバ族の大きなコミュニティを作っている。

ナイジェリアのヨルバ語には、宗教、神話、歴史を複合的に表す集合名詞(イタン)がある。ヨルバ神話は現在も紛争解決のために使われている。ヨルバ族の宗教は多くの場合、単にイタンと呼ばれているが、アボリシャ、またはオリシャ＝イファという呼び方もある。

ヨルバ族のふたつの重要な思想はアヤンモとオリだ。アヤンモは人間の運命や選択を表し、オリは文字どおりの意味では頭を指し、転じて直感を意味している。ひとりの人間の失敗と成功は、誕生前に天で行った選択に基づいている。ある人が突然金持ちになったとしたら、それはその人が生まれる前にした良い選択のおかげだ。しかし、運命はすべての人に同時に訪れるわけではなく、自分にとって望ましい人生はこれから来るかもしれないのだから、あきらめてはいけない。

ヨルバ神話では、現実の世界であるアイェと、目に見えない世界のオルンのあいだには簡単な区別しかない。自然は機械的な物や現象でなく、宗教的な重要性に満ちている。オルンの世界は自然界の目に見える具体的な現象や要素によって象徴されるか、もしくは明示されている。ケニアの哲学者ジョン・ミビティによれば、目に見えるアイェの世界の上に目に見えないオルンの世界がかぶさっていて、ヨルバ族の人々は有形の世界であるアイェを見たり、聞いた

◉真鍮と亜鉛で作られたヨルバ族の王の像、11〜12世紀、ナイジェリア。

◉現代のイスラム教徒のヨルバ族の女性。

り、感じたりするときに、オルンを「見る」ことができる。形のある世界と霊的な世界は、同じひとつの宇宙のふたつの面なのだ。

ヨルバの神々の中で、オロドゥマレ（エレドゥマレとも呼ばれる）は至高の創造神だ。オロドゥマレは最初の王オドゥドゥワに、地上に人間をもたらすように命じた。オドゥドゥワは神として、そして地上の王の最初の王朝の祖先として崇拝されている。ミビディは1969年に、ヨルバ文化やそのほかのアフリカ社会に見られる霊的存在と物質的存在を、次の5つのカテゴリーに分類した。

1. 人間と万物が生まれて存在し続けている理由の究極の説明としての神。
2. 人間を超えた存在と祖先の霊からなる精霊たち。
3. 生きている者とまだ生まれていない者を含む人間たち。
4. 動植物、あるいは生物学的な生命の遺物。
5. 生物学的な生命を持たない現象と物。

これら5つのカテゴリーに加えて、生命力、すなわち宇宙全体に広がる力またはエネルギーがある。ヨルバ族にとって、すべての植物、動物、自然現象には神性が宿っている。最高神は生命力の源であり、究極の管理者で、数多くいる神々は人間と最高神の仲介者だ。

少数の人間には、生命力を引き出し、操作し、利用する知識と能力が与えられている。それは祈禱師、魔術師、僧侶、雨乞い師だ。この知識を良い目的に使う者もいれば、自分のコミュニティや仲間の人間たちを傷つけるために使う者もいる。神々の怒りを鎮めるために、人々は儀式を行い、生贄を捧げなければならない。子孫繁栄、豊作、動物の多産、出産、成人、結婚、死、雨乞い、種まき、収穫のための儀式など、数えきれないほどの儀式がある。

世界樹ユグドラシル

スカンジナヴィア

北欧神話では、巨大なトネリコの木ユグドラシルの根、幹、枝に9つの世界が支えられている。9つの世界は次のように分けられている。

- ◉ミズガルズ(人間たちの世界)
- ◉アースガルズ(アース神族の世界)
- ◉ヴァナヘイム(もうひとつの神族であるヴァン神族の世界)
- ◉ヨートゥンヘイム(巨人たちの世界)
- ◉ニヴルヘイム(原初の氷の世界)
- ◉ムスペルヘイム(原初の火の世界)
- ◉アールヴヘイム(エルフの世界)
- ◉スヴァルトアールヴヘイム(小人族の世界)
- ◉ヘル(死者の世界)

3人のノルヌがユグドラシルを守っている。ノルヌは3人の女神で、ひとりひとりの人間の運命を決定する。彼女たちは生まれたばかりの子供のもとへ行き、その子が送る人生を選ぶのである。ユグドラシルの木のてっぺんで、宇宙のすべての秘密を知る1羽の鷲が見守っている。

ミズガルズは神々の世界と死者の世界のあいだにあって、人間たちが住んでいる。この世界はミズガルズの蛇が棲む海に囲まれている。

世界樹ユグドラシルにはウルド(「運命」)の泉の水が注がれている。この水

【世界樹】

◉いくつかの神話では、世界の中心に世界軸(アクシス・ムンディ)(宇宙軸、世界の柱、世界樹とも呼ばれる)が立っていて、天と地を結びつけていると考えられている。

には聖なる力があり、触れたものすべてを白く変えると言われている。この神話は実際の場所を基にしたものではないと考えられている。むしろ、これはすべての事物の内側にあるひとつの概念である。

◉『トネリコのユグドラシル』。世界樹ユグドラシルとそこに棲む生き物、フリードリヒ・ヴィルヘルム・ハイネ画(1845〜1921年)。

◉凍てつくフィヨルドと
ノルウェーの山々の頂。

天のはしご

世界の神話

古代には天と地がはしごでつながっていて、ふたつの世界を行き来できると考えられていた。この考えは世界の多数の神話に見られる。

神々と不死の存在はいつでも好きなときにはしごを上り下りでき、魔力を持つ一部の人間たちもはしごを使うことができた。天のはしごには、樹木でできているものと、山々からなるものの2種類がある。

古代中国の神話では、都広と呼ばれる場所——現在の成都と考えられている——が天と地の中心である。そこには霊寿という特別な木が生え、その木が天につながっている。霊寿の木は天と地の中心に立っているため、太陽が真上から照らし、木には影ができない。

西アフリカの民間伝承では、天にいる神または精霊と人間との交信は、天のはしごを介して行われる。天のはしごはオーストラリアのアボリジニの神話にもよく登場するモチーフである。

旧約聖書にも天と地を結ぶヤコブのはしごの物語がある。しかし、これはある人物の夢に現れるはしごで、象徴的な意味で使われている。

◉中国神話で天と地の中心と考えられていた成都の公園に注ぐ太陽の光。

天のはしごは多くの場合、天と地の結びつきを象徴するだけでなく、人間の歴史も象徴している。はしごの横木のひとつひとつが、これまでに世界を支配した王国を表している。

◉『ヤコブのはしご』、1490年頃。

太陽と月

世界の神話

暖かさと光の源であり、時の指標となる太陽は、数多くの世界神話で大きな重要性を持っている。太陽は毎日動いているように見えるため、人々は太陽がなんらかの力で制御されていると考えた。たとえばエジプト神話では、太陽は平底の船に乗って航海し、ギリシア神話では二輪戦車で運ばれる。

◉アステカの暦の中央の円盤に刻まれたトナティウの顔。

◉ヒエログリフが刻まれた太陽神ラーのレリーフ。

太陽崇拝は南アメリカと中央アメリカの多くの人々にとって重要な意味を持っている。アステカの太陽神ウィツィロポチトリには人間の生贄が捧げられた。アステカ神話には5人の太陽神が存在し、ひとりの太陽神が死ぬと、ひとつの宇宙時代が終わると考えられていた。5番目の太陽神トナティウが、現在の私たちを照らす太陽だと信じられている。

月は愛、欲望、変化、豊饒、情熱など、さまざまなものの象徴と見られている。

アメリカ先住民のアルゴンキン族は、各月の満月に自然と季節に関係のある名前をつけている。たとえばお腹をすかせた狼（ウルフ）が夜な夜な遠吠えする1月の満月はウルフムーン、ピンク色の花が咲きはじめる4月の満月はピンクムーンという。

アラスカ、グリーンランド、北極の先住民族イヌイットは、月の神アニンガンと、その姉妹にあたる太陽の女神マリナの伝説によって太陽と月の存在を説明する。ふたりは一緒に暮らしていたが、ある日口論になった。マリナは逃げ出し、アニンガンは後を追った。長いあいだ食事も忘れて追い続けたせいで、アニンガンはやせていった。月が欠けていくのはそのためだと言われている。月が完全に姿を隠しているときは、アニンガンは食べ物を探している。月の満ち欠けと日食は、アニンガンがマリナを追いかけ、一休みし、ついに捕まえるということを繰り返しているためだと説明されている。

【月の兎】

ラー（あるいはレー）は古代エジプトの太陽神であり、世界の創造主である。ふつうはハヤブサの頭を持ち、太陽を思わせる燃え盛るオレンジ色の円盤に座った姿で描かれる。

一般的に、太陽は男性、月は女性として表される。中国神話では、嫦娥（じょうが）という女性が月に住んでいる。彼女はかつて不死だったが、罪を犯したために死ぬ運命となった。嫦娥はふたたび不死になろうとして霊薬を飲んだ。しかし欲張って飲みすぎたために、体が浮かび上がって月まで飛んで行ってしまった。しばらくして嫦娥は月で話し相手を持つことを許された。それが月の兎(玉兎(ぎょくと)とも呼ばれる)である。

月の女神はギリシア神話ではセレネ、ローマ神話ではルナと呼ばれる。どちらの場合も月の女神は太陽神と一対で語られ、日中は太陽神が空を移動し、夜になると月の女神が交代する。

日本の神道では、月の神はツクヨミで、姉にあたる太陽の女神アマテラスとともに天に住んでいる。ツクヨミは原初の男性であるイザナギの右目から生まれた。

神々の種族

スカンジナヴィア

北欧神話では、神と女神はアース神族とヴァン神族のどちらかに属している。ほとんどの物語で、このふたつの神族は協力関係にある。ヴァン族の女神フレイヤはいろいろな町を訪れて、魔法を使って報酬を得ていた。フレイヤがアース神族の住む場所を訪れると、神々は彼女の魔法に魅了された。彼らはこぞってフレイヤの魔法を求めたが、まもなく彼女の魔法で利益を得ようとする利己心のせいで、自分たちの価値観と倫理観を失いかけていることに気づいた。神々は3度フレイヤを火あぶりにして殺そうとしたが、そのたびに彼女は灰の中からよみがえった。

この騒動が原因で、アース神族とヴァン神族のあいだに長い戦いがはじまった。ふたつの神族はようやく平和協定を結び、その印としてお互いにふたりの人質を取り交わすことにした。ヴァン神族からはフレイヤとニョルズが、アース神族からはミーミルとヘーニルが相手側に送られた。しかしヘーニルの愚かさが原因で、ミーミルは首をはねられてしまう。そのせいで戦いが再燃することはなかったが、アース神族の長オーディンは嘆き悲しみ、ミーミルの頭部に防腐処置をして保存した。

◉スカンジナヴィア神話の愛の女神フレイヤ（またはフリッグ）。フレイヤはオーディンの妻である。

◉「この合図で、もうひとりのアース神族が怪物の首に鎖を巻いた」。『アースガルズの英雄、スカンジナヴィア神話物語(Heros of Asgard, Tales from Scandinavian Mythology)』、A&Eキーリー著。

太陽を盗んだ男

コンゴ

いくつかの文化には、太陽を盗み出す神話がある。

◉コンゴ民主共和国のトゥンバ湖のほとりでドラムをたたく人々、1910年撮影。

◉鷹が東から西へ太陽を運ぶにつれて、アフリカの大地を夕日が照らす。

中央アフリカの神話によれば、太陽神モケーレは若くみめ麗しい男性で、現在のコンゴ民主共和国のトゥンバ湖（またはントゥンバ湖）の近くに住んでいる。モケーレはトゥンバ湖周辺に住むントゥンバ族の文化英雄だ。彼は治療師で、カンギリ・カンギリと呼ばれる不思議な粉を死者に振りかけ、よみがえらせることができる。彼はトゥンバ族の神話に登場する英雄や戦士たちの長い系統の祖先だと考えられている。

モケーレは部族長とその愛する妻のあいだに生まれた。父親は最初の人間の男性で、最初の子供が生まれるのを長いあいだ待ち望んでいた。モケーレの誕生には不思議な話が伝えられている。川の女神が母親の胎内に卵を入れたが、しばらくたってからその卵を取り出し、自分のお腹に移して卵を孵した。モケーレは生まれるとすぐにどんどん成長しはじめ、生後2日で4歳児の大きさになった。4日たってもモケーレの父親は息子が誕生したのを知らなかった。父親が狩りから戻ると、小屋から子供の泣き声が聞こえてきた。モケーレは超自然的な力を使って小屋の戸を開け、敷物を広げて通り道を作り、父親を心底びっくりさせた。それから彼は父親を出迎えて、自分はあなたの息子だと名乗った。

モクラカという別の部族長が太陽を盗んだ。そのため、夜は月が明るく輝いているが、昼間はただ灰色の空が広がるばかりだった。モケーレは部族の人々のために太陽を取り戻そうと思い、木を切ってカヌーを作り、モクラカのところへ行った。亀、鷹、スズメバチなどの動物が加勢するためについていった。モケーレが到着すると、モクラカは彼を昼食に誘い、料理に毒を入れるように娘に指示した。娘はモケーレが美男子なのを見て、毒を流して捨てた。そのあいだに太陽の隠し場所を亀が発見し、鷹に太陽を預けて空に戻させた。鷹が太陽を空高く運んだので、ふたたび光が大地を照らした。モケーレ、部族長の娘、動物たちがそろってカヌーに飛び乗ったとき、モクラカの長男が戦士を連れて戻ってきた。彼らはモケーレのカヌーを追いかけたが、スズメバチの猛攻撃を受けて退却した。それからというもの、鷹は毎日太陽を空へ引っ張っていき、トゥンバ湖とコンゴ川の水の流れに沿って東から西へと運んでいる。

季節のはじまり
北アメリカ

北アメリカ大陸に暮らす数百の先住民諸部族は、部族ごとに明確に異なる民間伝承と神話を持っている。しかし各部族の神話には、アメリカ全体に広がる多種多様な部族を結びつける共通要素も含まれている。

ファースト・ネーションと自称する世界各地の先住民族と同様に、アメリカ先住民の文化には、生活のあらゆる面に適用される中心的な原則——実用的、霊的、哲学的な原則——がある。自然界には完全な調和が保たれ、人間はその生態系の一部である。この世界のあらゆるものはお互いに依存しあう一方で、各々が独自の魂を持っている。これがアニミズムと呼ばれる信仰だ。紛争には必ず解決法が

◉オグララ族の伝統衣装を身に着けたレッド・ホークと呼ばれるラコタ族の酋長、1905年撮影。

◉ロッキー山脈のグランド・ティートン連山に降り注ぐ太陽の光。天候、季節、光の霊的な側面は、ほとんどの北アメリカ神話で非常に重要な位置を占めている。

あり、分裂が起きるのは外部の力が介入したときに限られる。

語り部が口承で物語を伝える文化では、神話は何千年ものあいだ口から耳へ伝えられてきた。人々が今でもその土地に住んでいるか、あるいは土地を奪われたかにかかわらず、神話はその部族の骨の髄までしみ込んでいる。

各部族が季節の移り変わりという不思議な現象について考えた独

創的な説明は、見事な想像力の表れだ。彼らの文化は、世界が闇と光のあいだを行き来し、気温が極寒から灼熱まで上下し、作物や家畜が豊富なときと欠乏するときがあり、鳥はいつ集団で暖かい気候を求めて移動するのか、木々が葉を落とすのはなぜなのかといった、日々の深遠な現象に対する説明を求めた。

「アースダイビング」という考え方は、最初に水で覆われた世界があり、水に潜れる動物が水底から泥を取ってきて、その泥から大地ができたと説明している。世界に人間が住み着いたあと、世界は常に温かく快適だったので、変化がないことへの不満が生じた。そこで、さまざまな生き物たちが、どのような変化が望ましいかについて論争しはじめた。トリックスターのコヨーテは、なんと40もの季節を提案した。

◉グレート・スピリット

季節が変化しないことに皆が不服を感じていたとき、「グレート・スピリット（大いなる精霊）」または「オールド・マン」が現れた。彼は誰にも気づかれずにやって来て、食べ物と寝る場所を求めて数軒の家を訪ねるが、人々は自分の物を分け与えるのを嫌がった。最後に、もっとも人助けをするゆとりのない家を訪ねると、その家族は喜んで持ち物を分けた。翌日、彼は空から、罰としてこれから季節を与えると宣言した。豊作のあとには不作が続き、資源は限られた量しか使えなくなる。これは教訓であり、安定した楽園の終わりを意味した。

平原、森林、極地では、天候が常に霊的な面を持っている。この宇宙論には詩的な豊かさと、常に鋭いユーモアが含まれる。季節は擬人化され、もめごととその解決策を通じて厳しい天候の中で生きるすべを教えた。

◉デナリ（マッキンリー）国立公園のワンダー湖、アラスカ州。動物、樹木、湖など、生態系を構成するあらゆる部分がそれぞれ独自の霊を持っているという信仰は、北アメリカ先住民諸部族に共有されるテーマだ。

時間

神話物語の時系列をたどるのは難しい。現代の私たちと違って、古代の語り部は経験を直線的な時間の流れに沿って並べる必要を感じなかった。たとえば子供が親より年を取っていたり、物語の展開の中でひとつの時期がまるごと省略されて、未来の重要な神が700年間も母親の胎内にいたあげく、賢明な老人として誕生したりする。だから神話の重要な要素を理解するためには、読者はいったん疑いを脇へ置く必要がある。

永遠の循環

インド

インド神話では、時間はあまり重要ではない。インド神話における時間は、私たちが知る限りもっとも流動的なシステムだ。あらゆるものに連続性がある。過去、現在、未来は等しく重要であり、実際に同じものとして扱われる。あらゆるものは周期的に繰り返すため、思いがけないことは何もない。すべての活動は過去にすでに起きたことだ。あらゆるものは過去にすでに存在し、現在の神々は無限の循環の中の最新の姿にすぎない。宇宙はこれまでに何度も創造されては破壊され、現在の宇宙は数ある中のひとつにすぎない。この時間の流動性という考え方によって、大昔の語り部は、周期的な創造と破壊という基本的なテーマの中で、想像力を思う存分羽ばたかせることができた。

◉シヴァ神を称える古い祭り、マハー・シヴァラートリを祝うためにインドのワーラーナシーでガンジス川の水を浴びる巡礼者。インド神話では、シヴァ神は宇宙全体の創造、維持、破壊をつかさどるとされている。

マヤ暦

メソアメリカ

マヤ人はこれまで存在した文明の中で、もっとも偉大な天文学者であり数学者であるとみなされている。彼らは自分たちの住む地域、世界、そして宇宙でこれから起きるできごとを予測できるシステムを開発した。

たとえばマヤ人は世界の終わりが2012年12月21日に訪れると予測した。この日付はひとつのサイクルの終わりであり、そのあとすぐに新しいサイクルがはじまるとマヤ人は信じていた。

◉マヤ族によって建設されたチェチェン・イッツァの神殿。

ひとつのサイクル(ピクまたはバクトゥンと呼ばれ、どちらも「サイクル」を意味している)は、古代マヤ文明の長期暦では14万4000日(約394年)続く。長期暦では時間は現在の時代の神話的な起点から計測され、遠い未来のある時点でその時代が終わると信じられている。長期暦は13バクトゥン(5122年)をひとつの時代とし、2012年12月21日は13回目のバクトゥンの区切りに当たっている。

ドリーミング

オーストラリア

オーストラリアのアボリジニ諸部族の宇宙論の特徴のひとつは、すべてのものが生命の循環の中で相互に結びついているという考え方だ。およそ6万年にわたって儀式の中で演じられ、受け継がれてきた慣習法は、大地とそこに棲む生き物の物質的創造に関する伝統的な信仰を表現している。彼らの神話は、動物、鳥、海の生き物と彼らのつながりを語っている。たとえばある物語は、毎朝燃える樹皮を持って山に登る女の姿を通して太陽を説明している。途中で彼女のボディペイントの赤い絵の具が雲を染め、彼女は西の地平線にたどり着くと、樹皮のたいまつを消して地下に帰る。そして次の新しい一日のはじまりを明るく照らすために、東に戻って燃える樹皮を集める。

◉ドリームタイムの人物を描いたダウタウピルの樹皮絵、アーネムランド、ノーザンテリトリー。

神々と人間の物語

ギリシアの創世神話には、人間の男女はガイア(大地の女神)から自然に生まれ出たという見方がある。つまり人間は、ほかのすべての動物や植物と同じように造られたのである。人間の歴史には5つの時代があった。黄金時代にはクロノス(ローマ神話ではサトゥルヌス)が全世界を統治し、世界はのどかだった。銀の時代には人間は幸福に暮らしたが、愚かで何の役にも立たなかった。神々の指導者ゼウスは、大洪水を起こしてこの時代を終わらせた。

第一青銅時代には、新しく生まれた人間たちは戦い以外何の興味もなく、お互いに殺しあっていた。第二青銅時代には、生き残った人間たちは神々と交わり、アキレウスやヘラクレスのような英雄を生んだ。この時代も戦争が絶えず、人間は傷つき殺されたが、人類が繁栄し、進歩する機会があった。ギリシア神話の英雄譚のほとんどはこの時代に起源がある。

私たちが暮らす現代は鉄の時代だ。人間は相変わらず暴力的で、神々から見捨てられている。人間がふたたび洪水によって滅ぼされ、世界が第6の時代である新黄金時代になって再出発するときがまもなく訪れるかもしれない。

ポセイドン

ギリシア

ポセイドンは古代ギリシア神話の主要な12の神々のひとりだ。これらの神々はオリュンポス山に住んでいるので、オリュンポス十二神と呼ばれる。不死で不変のオリュンポスの神々は、数えきれないほどの神々や人間と関係を持ち、多数の半神半人、精霊、神々、人間の父親となった。

ポセイドン(ローマ神話ではネプチューンと呼ばれる)はクロノスとレアの息子で、ゼウスの兄だ。クロノスは自分がいつかわが子に滅ぼされるのを恐れて、ポセイドンとゼウスを含むすべての子供たちを飲み込もうとする。伝承によれば、レアがポセイドンを隠し、代わりにラバの子を渡すと、クロノスはそれを飲み込んだという。

ポセイドンは海の支配者である。彼は先端が3つに分かれた三叉の矛で波を操り、洪水、嵐、地震を起こすことができる。

彼はエーゲ海の底に黄金に輝く壮大な宮殿を持ち、乱暴で執念深い危険な神として知られている。

ポセイドンはふつう三叉の矛を持ち、半分馬で半分蛇の怪物が引く二輪戦車に乗り、魚やイルカをしたがえた姿で描かれる。彼は海の神だが、人間にはじめて馬を与えた神でもある。

ポセイドンの正式な妻は女神アムピトリテだが、夫婦のあいだに子供はできなかった。しかし彼は海のニンフ、ハリアーとのあいだに6人の息子とロードという名

◉ネプチューン(またはポセイドン)の勝利、ワディ・ブリベイン議事堂で発見されたモザイク画、スース、チュニジア。

の娘をもうけ、娘が生まれた島には娘の名にちなんだ名前がつけられた。ポセイドンは数えきれない女性と浮名を流し、たくさんの子をなした。子供たちの多くは乱暴で邪悪な性格だった。

テセウスはポセイドンの息子だが、神と人間のどちらとも言い切れないあいまいな存在である。テセウスの母親は一晩のうちにポセイドンとアテナイの王アイゲウスの両方と交わり、テセウスを妊娠した。

ポセイドンは人間がトロイアの城壁を築くのを手伝ったが、ラオメドン王は約束した報酬を支払わなかった。そこで海の神ポセイドンは海の怪物を送ってトロイアの人々を襲わせた。それ以来ポセイドンはトロイア市民に敵意を抱き、トロイア戦争ではギリシアに味方した。

◉ギリシア神話のオリュンポス十二神のひとり、ポセイドンの像。

アキレウス

ギリシア

怒りを歌え、女神よ、ペレウスの子アキレウスの——アカイア勢に数知れぬ苦難をもたらし……かの呪うべき怒りを。

（『イリアス』第1歌1〜2行、松平千秋訳、岩波書店）

アキレウスはギリシア神話の偉大な英雄のひとりだ。アキレウスについては、彼がギリシアの戦士として加わったトロイア戦争中の活躍を描いたホメロスによる傑作叙事詩『イリアス』でもっともよく知られている。

アキレウスはペレウス王と女神テティスのあいだに生まれた。ゼウスとポセイドンはテティスに恋をしていたが、テティスの子は父親より偉大になると予言されていたので、どちらも彼女に近づかなかった。

アキレウスが生まれると、テティスはわが子を不死身にしようと、ステュクス川の水に浸した。しかし彼女が握っていたアキレウスのかかとだけは水に触れなかったので、その部分が彼の弱点になった。アキレウスは小さい

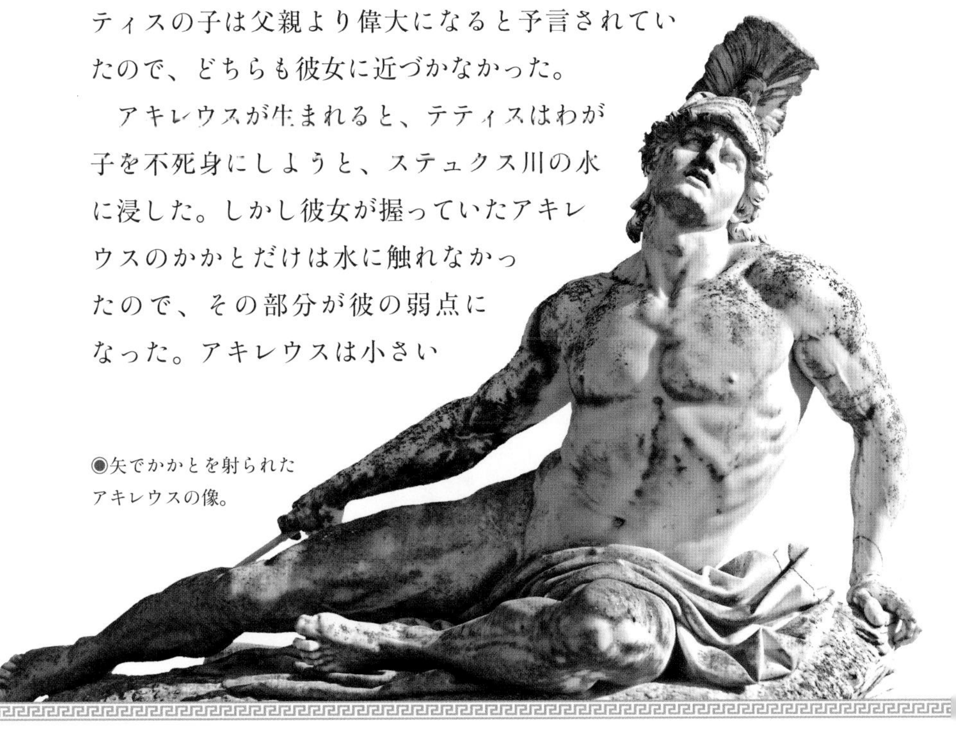

◉矢でかかとを射られたアキレウスの像。

◉幼児のアキレウス、テセウスの館での最初の沐浴を描いたローマのモザイク画、4世紀、パフォス考古学公園、キプロス。

頃、ケンタウロスの賢者ケイロンと戦士ポイニクスに養育された。アキレウスは彼らから医術、音楽、武術を学んだ。

イタケの王オデュッセウスは、アキレウスをギリシア側の味方としてトロイア戦争に参加させたかった。しかしテティスは息子が戦争に行くのを望まず、アキレウスに女の姿をさせて、密かにリュコメデスの宮殿に住まわせていた。アキレウスが隠れた場所を見つけるため、オデュッセウスは宮殿の外でラッパを吹いた。アキレウスは敵の来襲だと勘違いして、急いで武器を取ろうとして正体を現してしまった。こうしてアキレウスは自分の運命から逃れられなくなった。戦争に行けば生きて帰れないという予言があったにもかかわらず、彼は名声と栄誉を求めて15歳で50隻の船を率いて出陣した。この遠征で、アキレウスはゼウスが蟻の群れから造ったテッサリアの伝説的部族、ミュルミドン人の司令官になった。

トロイア戦争の最大の山場は、トロイアの城門の前でトロイアの英雄ヘクトルが討ち死にする場面だ。アキレウスはこの戦争の命運を握る勇士である。彼は勇猛果敢な戦士だったが、とうとう唯一の弱点であるかかとを矢で射られて死んだ。「アキレウスのかかと」という表現は弱点を意味する言葉として使われている。

ゼウスと雷

ギリシア

ゼウスは光、空、雷の神で、一般にギリシア神話の最高神と考えられている。彼は人間と神々の王であり、天の玉座につき、鷲をシンボルとする。世界の秩序と正義をつかさどる神である。

ゼウスは善と悪の分配者であり、宮殿の入り口に善と悪を入れたふたつの壺を置いている。ひとりの人間が持つ善と悪の割合、すなわちその人の運命は、ゼウスが決定するのである。

　ゼウスはクロノスとレアのあいだに生まれた末息子である。クロノスはいつか息子のひとりに地位を奪われると予言されたため、レ

◉ゼウス――神々の王、オリュンポス山の支配者、空と雷の神。

◉パエトンが乗る4頭立ての二輪戦車が暴走し、ゼウスが雷で撃ち落とす姿を描いたマウロ・ピセナルディによるフレスコ画。パエトンの墜落によってイティ山は燃え上がり、リビアは干上がって砂漠になった。

アが出産するたびに子供を飲み込んでいた。ゼウスの出産が近づくと、レアはクレタ島の洞窟に行って夜のあいだにゼウスを生み、赤ん坊を隠して、毛布に包んだ石をクロノスに渡して飲み込ませた。助かったゼウスは身を隠した。

成長したゼウスはクロノスに薬を飲ませ、父親が飲み込んでいた子供たちを吐き出させた。助け出された兄と姉たちはゼウスとともにクロノスとティタン神族を倒した。ゼウスは天空、光、雷を与えられた。兄のポセイドンは海を支配するための三叉の矛、ハデスは姿が見えなくなる力と冥界の支配権を得た。

続いてゼウスは巨人族と戦って倒した。巨人のエンケラドスはシチリア島の下に封印され、今でもこの巨人が暴れると島全体が揺れる。

ゼウスの最後の戦いの相手は怪物テュポンだった。ゼウスはこの怪物によって傷を負い、閉じ込められていたところをヘルメスによって救出された。ゼウスは戦いを再開し、とうとう彼の雷で怪物を倒した。この3つの戦いに勝利したことで、神々や人間は二度とゼウスに挑もうとしなくなり、ゼウスは不動の王の地位を確立した。

ゼウスは奔放な恋愛で知られ、たくさんの子をもうけ、姉とのあいだにさえ子をなした。ゼウスの子供たちにはアテナ、アフロディテ、アポロンなどがいる。

トロイア戦争

ギリシア

ギリシア人は前12〜11世紀のあいだに起きたと考えられるトロイア戦争を機に、神話時代が終わり、史実に基づく歴史がはじまったと考えている。トロイアの要塞があったと思われる場所での近年の考古学的発見によって、トロイアの陥落はこれまで考えられていた以上に歴史的根拠があることが明らかになった。

『イリアス』（下巻94〜95頁参照）によれば、ヘラ、アテナ、アフロディテの3人の女神は、自分たちの中で一番美しいのは誰かをめぐって

◉『トロイアの包囲』、ビアージョ・ダントニオ画（1476〜1504年）。

争っていた。彼女らはトロイアの王子パリスを訪ね、判定を頼んだ。パリスはアフロディテを選んだので、アフロディテはその見返りに、人間の中でもっとも美しい女を妻として彼に与えると約束した。しかし、残念ながら世界一の美女ヘレネはすでにスパルタ王メネラオスと結婚していた。トロイア王プリアモスの息子パリスはヘレネをさらってトロイアに連れ去った。激怒したメネラオス王は、全ギリシア軍によるトロイア攻撃を呼びかけた。ギリシア軍は何年間もトロイア人と戦ったが、トロイアの町は高い頑丈な壁に囲まれ、難攻不落だった。

『イリアス』はトロイア戦争開始から9年後、ひとりの女奴隷をめぐってアキレウスとアガメムノンが口論するところからはじまる。

言い争ったあと、アキレウスは戦いから手を引いてしまう。ギリシア軍はヘクトルが率いるトロイア軍に敗北寸前に追い込まれていた。ヘクトルがアキレウスの親友パトロクロスを殺害すると、アキレウスはふたたび戦場に戻り、ヘクトルを殺した。

トロイア戦争は、ギリシア軍がトロイア市街に入りこむためにある策略を用いたことで、終わりを迎えた。ギリシア軍は敗北を認めたかのように装い、陣地を捨てて二度と戻らないふりをして退却し、和平の贈り物として巨大な木馬を残した。トロイア人はこの贈り物を受け取って城壁の中に運び込んだ。彼らは木馬の中にギリシア兵が潜んでいるのに気づかなかった。夜になってトロイア人が勝利の宴を開いていると、ギリシア兵が木馬から忍び出て城門を開け、残ったギリシア軍を引き入れて、都市を陥落させた。

重要なことだが、トロイアの木馬の話は『イリアス』には登場しない。この物語はもっとあとの時代に、アウグストゥス帝の治世に書かれたウェルギリウスの『アエネイス』にはじめて登場する。『アエネイス』はトロイアの英雄で、アンキセス王子と女神アフロディテ（ローマ神話のウェヌス）の息子のアエネアスの物語である。トロイア戦争から生き延びたアエネアスは、多数の生き残りを率いて舟に乗り、新天地を目指した。カルタゴに到着したあと、彼らは最終的にテヴェレ川の岸

◉『イリアス』の一場面、マイケル・マーティン・ドロリング画(1786～1851年)。

にたどり着いた。『アエネイス』は古い時代のふたつの神話をうまく融合させている。ひとつは後期ヘラディック時代[紀元前1600～1065年頃]から伝わるトロイアの伝説で、もうひとつはローマ固有のロムルスとレムスの双子の物語(下巻173～177頁参照)だ。ウェルギリウスの説によれば、アエネアスはロムルスとレムスの祖先である。

人間との結婚

ギリシア

◉アリアドネを描いた19世紀の絵画、アッシャー・ブラウン・デュランド画。

人間として生まれたヒーローやヒロインは、ときには神との結婚を通じて神格化される。しかし、そのような結婚の物語がハッピーエンドを迎えることはめったにない。

アリアドネはクレタ島のミノス王の娘である。彼女はミノタウロスを退治するためにクレタ島に来たテセウスと恋に落ちた。ふたりはクレタ島を脱出するが、テセウスは彼女をナクソス島に置き去りにする。ぶどう酒、神秘的陶酔、酩酊状態での狂乱をつかさどる神ディオニュソスがその島でアリアドネを見つけて妻にした。彼はアリアドネを天に連れ帰り、遊ぶときも祭儀を営むときも世界中に妃として伴った。ディオニュソスか愛の女神アフロディテのどちらかが、アリアドネに7つの星がちりばめられた冠を贈った。アリアドネが死ぬと、冠は彼女の永遠の記念として空に上げられ、かんむり座となった。

トロイアの王子ティトノスはラオメドン王の息子である。彼は美男子だったので、暁の女神エオスが彼をエチオピアに連れ去って愛人にした。彼女はゼウスに頼んでティトノスを不死身にしてもらったが、永遠の若さを願うのを忘れてしまった。ティトノスはどんどん年老いて、次第に体が縮んでいった。あまりにも小さくなったため、エオスは彼を赤ん坊のように藤のかごに入れ、最後には彼をセミに変えた。

プシュケは非常に美しい娘だったが、男たちは彼女の美しさに気後れしてしまうため、なかなか結婚できなかった。姉妹はみな夫を見つけていたので、父親はなんとかプシュケも結婚させたいと願い、神託に助言を求めた。神託

◉エロスとプシュケのテラコッタ製の像、前4世紀。

はプシュケに婚礼衣装を着せて、ある岩の上にひとりで残しておけば、怪物がやってきて彼女を連れていくだろうと告げた。そのとおりにすると、プシュケは岩から連れ去られた。目が覚めると彼女は美しい宮殿の庭にいて、召使にかしずかれていた。夜になると、彼女は誰かが自分の隣で眠っているのに気づいた。すると誰かの声が、隣にいるのは彼女の夫だが、その姿を見たら二度と会えなくなると言った。プシュケは幸せに暮らしていたが、家族が恋しくなったので、里帰りしたいと夫に頼んだ。姉妹は幸せそうなプシュケを見て嫉妬し、彼女が夫を疑うように仕向けた。姉妹はプシュケに、ランプを持ち帰って眠っている夫の姿を見てごらんとそそのかした。帰宅したプシュケが眠っている夫の上にランプを掲げると、そこにいたのは若く美しい男性で、愛の神エロスだった。彼女がランプの油を彼の上にこぼしてしまったせいで、彼は目覚めて逃げ去った。エロスの保護を失って、プシュケは彼女の美しさをねたむアフロディテに追われて大地をさまよった。しかし最後にプシュケとエロスはふたたび結ばれることができた。

神々と人間のあいだには数えきれないほどの情事が伝えられている。ゼウスと人間の娘レトの交わりにより、ふたりの重要な神、アルテミスとアポロンが生まれた。

ペレの復讐

ハワイ

ハワイ神話の火の女神ペレは、雷、舞踊、風、火山、暴力の女神でもある。敬意をこめてマダム・ペレ、あるいはトゥトゥ・ペレ［ペレおばあちゃん］とも呼ばれる。ペレは創造者であると同時に破壊者でもあり、情熱、嫉妬、激しい怒りでも知られている。彼女は火山を支配する力を使ってハワイ諸島を造り、活火山であるキラウエア火山の頂上にあるハレマウマウ火口で暮らしている。ペレは大地の女神ハウメアと天の創造者カーネの娘である。

ペレには復讐の物語が伝わっている。オヒアとレフアという若い夫婦が心から愛しあい、幸せな日々を送っていた。ある日、人間に姿を変えたペレが森を歩いていたとき、果樹園で働くハンサムな若者を見かけた。ペレは若者に一目ぼれし、恋人にしようとするが、オヒアは拒絶した。オヒアの若く美しい妻レフアが夫の昼食を届けに果樹園に来ると、ペレは嫉妬で怒り狂った。彼女は人間の姿をかなぐり捨てて、燃え盛る炎に姿を変えた。そして自分の求愛がはねつけられた復讐に、オヒアを醜くねじ曲がった木に変えた。レフアは夫を人間に戻すか、さもなければ自分も木に変えてほしいとペレに懇願したが、願いは聞き入れられなかった。ほかの神々は若い夫婦のペレの仕打ちを見て、レフアを美しい赤い花に変え、オヒアの木の根元に植えた。今日でもハワイのオヒアの木は美しい赤い花を咲かせる。

【溶岩の女神】

◉火山にまつわるいくつかの地質学用語は女神ペレにちなんで命名された。「ペレの髪」は髪の毛のように細長く固まった溶岩で、「ペレの涙」は小さな粒上に凝固した溶岩を指している。

◉ハワイの火の女神ペレの像。

◉ペレがオヒアを木に変えたあと、神々はレフアを哀れみ、彼女がいつも愛する人のそばにいられるように美しい赤い花に変えた。今でもねじれた枝を彩る赤い花を見ることができる。

霧の乙女

北アメリカ

これは北アメリカのナイアガラの滝に伝わる神話で、1万2000年以上前から流れ落ちている滝にまつわる、知られている限り最古の伝説である。

これはイロコイ語を話すアメリカ先住民諸族のひとつで、北アメリカ北東部のオンタリオ湖周辺に住むセネカ族の物語だ。この物語によって、レラワラという名の若いセネカ族の娘が、最初の、そして真実の「霧の乙女」として永遠の命を得た。レラワラは夫を亡くし、愛する人を失った悲しみに打ちひしがれて、カヌーに乗って滝から身を投げようと決心する。彼女は死が速やかに訪れるように嵐の神ヘノに祈ったが、ヘノは彼女を助けることにした。彼はレラワラを抱き止めて滝の裏にある家に連れて行き、家族に迎え入れた。悲しみに沈む娘は手厚い世話を受け、まもなく元気を取り戻した。ヘノの末息子がこの娘を愛し、結婚して息子が生まれた。レラワラは幸せだったが、部族の人々を恋しく思った。

ある日、大蛇が川に現れて、部族の人々が飲む水に毒を入れた。ヘノがそれを知らせると、レラワラは1時間だけ家に帰らせてほしいと頼んだ。彼女は家に戻り、高い土地へ逃げるよう人々に警告した。蛇は毒にやられた人々の体を腹一杯食べようと戻ってきたが、村はもぬけの殻だった。毒蛇は怒り狂ってヘノの滝の裏の家を破壊したが、ヘノは雷で蛇を倒した。ヘノはレラワラと息子たち、孫たちを連れて滝を通って雲に昇り、そこで新しい家を作った。ナイアガラの滝のとどろくような水音の中に、ヘノの声がこだまして聞こえると言い伝えられている。

◉ナイアガラの滝には今もヘノの声がこだまして聞こえるという伝説がある。

◉セネカ族の女性、アー・ウェー・エユ(「かわいい花」の意)、1908年撮影。レラワラはこの地域のセネカ族の一員で、彼女の伝説はこの壮大な自然の風景と密接に結びついている。

ティタン族との戦い

ギリシア

ギリシア神話では、ティタン族はギリシアの最初の神々を輩出したことで知られている。ウラノスとガイアは6人の男神と6人の女神、クロノス、イアペトス、ヒュペリオン、オケアノス、コイオス、クレイオス、テイア、レア、ムネモシュネ、ホイベ、テテュス、テミスを生んだ。ゼウスが率いる次の世代の神々はオリュンポス神と呼ばれ、男神のゼウス、ポセイドン、アポロン、ヘルメス、アレス、ヘパイストス、そして女神のアテネ、アルテミス、ヘラ、アフロディテ、ヘスティア、デメテルの12神がいる。

クロノスが率いるティタン族は父親を葬って宇宙を支配した。オスリス山に住む彼らはオリュンポス山の新しい神々をねたみ、オリュンポス神に10年間続く長い戦いを仕掛けた。この神々の戦いは、地震、火災、雷によって混乱と破壊をもたらした。

ゼウスが率いるオリュンポス神は、姿が見えなくなるハデスの兜、ポセイドンの三叉の矛、ゼウスの雷など、無敵の武器を持っていた。彼らにはヘカトンケイルという100本の腕を持つ3人の怪物、ブリアレオス、ギュゲス、コットスも味方についていた。

これらの武器を使って、ゼウスとそのきょうだいは苦しい戦いの末にようやくティタン族を破り、オリュンポス山に新しい万神殿（パンテオン）を作った。戦いが終わると、ゼウスは敗れたティタン族を罰し、イアペトスの息子アトラスに両肩で天を支える役割を負わせた。

勝利のあと、ゼウスとオリュンポス神は不死で不変の存在になった。ゼウスは天、ポセイドンは海、ハデスは冥界の支配者になった。こうしてギリシア神話の新しい時代が幕を開けた。

◉ティタン族の戦い。フランチェスコ・アレグリーニの作とされる。1615年頃。

◉『クロノス』、17世紀の画家ジャチント・ブランディ画。クロノスはギリシアのティタン族のひとりでゼウスの父親である。ローマ神話ではサテュロスと呼ばれる。

デーヴァとアスラ

インド

古代インド神話では、デーヴァは神々であり、アスラはデーモンとされる。どちらも驚異的で神秘的な力を持ち、デーヴァはその力を善のために、アスラは悪のために用いる。

デーヴァは「天の、神聖な、あらゆる秀でたもの」を意味する名詞の男性形で、女性形はデーヴィーという。ヒンドゥー教の女神デーヴィーは「神聖な女性」を象徴している。

デーヴァは寛大、許し、真実、質素、清浄、節制などの性質を持ち、アスラは傲慢、狡猾、無知などの悪魔的な性質を持っている。神話では、デーヴァとアスラはたいてい敵対する存在として描かれる。

デーヴァとアスラはどちらも共通の祖先プラジャーパティの子孫で、スーリヤ（太陽神）は「デーヴァとアスラの司祭」と呼ばれている。デーヴァが偽りよりも真実を選んだのに対し、アスラはその反対を選んだという。

はじめは偽りによってアスラが優位に立つが、最後には破滅に導かれる。弱かったデーヴァは、真実を語ることによって繁栄と力を得る。

デーヴァはアスラと戦うために、普段とは違う恐ろしい姿に変わることがある。たとえばヴィシュヌはライオンの頭部を持つ残忍な怪物の姿になって、獲物をむさぼり食う。

シヴァの妻パールヴァティーは美しい若い女性として描かれるが、悪魔を倒すために10種類もの恐ろしい姿に変身する。

アスラを倒すのは必ずしも容易ではなく、デーヴァが常に勝利を

◉ヴィシュヌとシヴァの怒りの化身である女神ドゥルガーが、デーヴァとアスラの大いなる戦いで水牛の姿をしたデーモンのマヒシャースラを倒す場面。この絵はラージャスターン州ビーカーネールで1275年頃に描かれた。

◉リシケーシュのガンジス河岸にある結跏趺坐の姿勢のシヴァ神像。シヴァはジャーランダラの妻ヴリンダを欺いて彼を倒した。

収めるわけではない。アスラは大いなる力を持ち、ときにはデーヴァに勝ることがある。

ジャーランダラはアスラの王だ。彼はデーヴァを圧倒するほど驚異的な力を持っている。ジャーランダラの妻である美しいヴリンダは、ヴィシュヌとシヴァを崇拝する敬虔な女性だった。ジャーランダラは女神パールヴァティーの美しさを噂に聞いて、シヴァになりすましてパールヴァティーを訪ねた。パールヴァティーはこの変装を見破り、本物のシヴァの力を呼び出した。シヴァは激怒し、デーモンであるジャーランダラを殺そうとして戦いになった。しかしジャーランダラはヴリンダの忠実な心によって強化された途方もない力で死をまぬがれた。

ヴリンダは、自分が夫に忠実である限り、夫は決して死なないという祝福を神々から授かっていた。ヴィシュヌもまた変身する力を持っていたので、ジャーランダラがしたように、彼をだまして仕返しをしようと決めた。ヴィシュヌはジャーランダラに化けてヴリンダの家へ行った。パールヴァティーと違って、ヴリンダはこの嘘を見抜けなかった。ヴリンダの夫への貞節は破られ、ジャーランダラは力を失って倒された。

ケルトの神々とフォヴォリ族の戦い

アイルランド

ケルト神話はキリスト教より古く、中世以降は文字によって保存された。しかし、これらの古い神話が文字で記録された時代にキリスト教の影響を受けて、神話のスピリチュアルな面がゆがめられた可能性がある。

フォヴォリ族は悪魔のような巨人族で、神々より先に存在した。彼らは先史時代の神話上の民族で、海から現れてアイルランドを襲った。「フォヴォリ」はアイルランド語で海の闇という意味だ。伝説によれば、彼らはもともとアジアあるいは北アフリカの出身で、一般的に黒い肌と黒髪、ヤギのような顔を持つ怪物として描かれる。

フォヴォリ族は当時アイルランドを支配していたパルソローン族に疫病を流行らせて倒した。次に現れた民族のネヴェズはフォヴォリ族を退治しようとして失敗する。続いて登場した民族はフィルヴォルグ族で、彼らはようやくフォヴォリ族との平和的共存に成功した。フォヴォリ族の王はバロルといい、ほかにブレス、テスラ、エリウといった有力な人物がいた。バロルは額に大きな一つ目のある巨人で、その目を開くと混乱と災害がもたらされた。

平和な一時期が過ぎると、トゥアサ・デ・ダナンの一族が魔法の雲に乗ってきた。彼らは第一次マグ・トゥレドの戦いでフィルヴォルグ族を破った。第二次マグ・トゥレドの戦いではフォヴォリ族も破って和平条約を結んだ。トゥアサ・デ・ダナンはフォヴォリ族にコノート地方を与え、フォヴォリ族がトゥアサ・デ・ダナンと結婚して子供を持つことさえ許した。

バロルは孫によって殺害されると予言されたため、娘のエスニウを塔に閉じ込め、あらゆる男から遠ざけていた。トゥアサ・デ・ダ

◉チャールズ・スクワイアによる『ケルトの神話と伝説(Celtic Myth and Legend)』の挿画。バロルの娘を見つけたキアンを描いている。

◉古代ケルト人の巨石遺
跡。

ナンのキアンが塔に忍び込んでエスニウを誘惑し、エスニウは三つ子を生んだ。ふたりの赤ん坊は海に投げ込まれて最初のアザラシになったが、ひとりは生き延びた。この息子はルーと名づけられ、成長してトゥアサ・デ・ダナン軍を率いてフォヴォリ族と戦った。彼は自分の祖父バロルを殺害して、予言を成就させた。

アイルランド神話では、フォヴォリ族は危険で破壊的な自然の力、たとえば闇、死、旱魃などを象徴している。一方、トゥアサ・デ・ダナンは文明と成長を表している。

闘争と競争

ギリシア

ヘラとゼウスは姉と弟の間柄で結婚した。はじめのうちゼウスの求婚は拒絶されたが、彼は一計を案じて傷ついたカッコウに姿を変えた。ヘラがこの鳥を拾い上げて胸に抱いてやると、ゼウスは男性の姿に戻って彼女と交わった。ヘラはこの恥辱を隠すためにゼウスと結婚し、波乱に満ちた結婚生活がはじまった。ヘラは嫉妬深い女神で、彼女をめぐる物語のほとんどに、ゼウスの浮気に対するヘラの復讐がからんでいる。

デメテルはオリュンポスの農耕の女神で、ゼウスとのあいだに生まれた娘のペルセポネをゼウスが兄である冥界の神ハデスに与えたため、報復として人間に飢餓をもたらした。娘を取り戻せなければ、人間を全滅させるとデメテルは脅した。

◉ヘラの像。ヘラはゼウスの姉で妻でもあり、結婚、家族、既婚女性の守護者である。

これを聞いたゼウスは、ペルセポネを迎えに神々の伝令使ヘルメスを冥界に遣わした。ハデスはペルセポネを返すことに同意したが、その前に数粒のザクロの実を彼女の口に入れた。冥界の食べ物を口にしてしまったために、ペルセポネは冥界から逃れられなくなった。

母親のデメテルは娘を取り戻して大喜びしたが、不安になって、冥界で何か食べなかったかと聞いた。ペルセポネはザクロを食べたことを打ち明けた。デメテルとハデスは話しあい、ペルセポネは一年の半分を冥界で、残りの半分を地上で母親と過ごすことになった。娘が冥界にいるあいだ、農耕の女神デメテルは作物がまったく育たないようにした。こうして季節の移りかわりがはじまった。

◉『ペルセポネの帰還』、フレデリック・レイトン画、1891年。

オシリス、イシス、ホルスとセトの争い

エジプト

古代エジプト神話の中心となる3神は、オシリス、イシス、ホルスである。大地の神ゲブと天空の女神ヌトのあいだに4人の子供が生まれた。最年長はオシリスで、次に邪悪なセト、そして双子の姉妹のイシスとネフテュスが生まれた。オシリスは神であると同時に、エジプト最初のファラオ、言いかえれば全世界の王である。妻は妹のイシスで、オシリスが旅に出ているときは常に彼に代わってエジプトを治めた。オシリスは温和な王で、世界中を旅して秩序と文明を広め、神々への崇拝と作物の育て方を人間に教えた。

セトは荒々しく乱暴な神で、破壊をもたらし、オシリスのした良い仕事をすべて覆そうとした。警戒されていたにもかかわらず、セトはすきを見て兄オシリスを襲い、殺害した。

イシスは夫の遺体を発見して打ちのめされた。オシリスとのあいだに子供はなく、王位を継ぐ者がいないため、セトが次の王になりそうだった。イシスは自分の魔法でセトを阻止しようと決心した。

イシスは鳥に変身してオシリスの体の上を飛び、魔法を使ってオシリスの精気を吸い取った。この神秘的な結合によってイシスは妊娠し、ホルスを生んだ。ホルスはハヤブサの頭と世界を照らす目を持ち、オシリスの息子としてエジプト王の後継者となった。

激怒したセトはオシリスの体を見つけ出してばらばらに切り刻み、エジプト中にばらまいた。イシスと双子のネフテュスは国中を回ってオシリスの体の断片を拾い集めた。姉妹はオシリスの体をつなぎ合わせ、ていねいに処置をして亜麻布でくるみ、敵から守った。

成長したホルスは父親の仇を討つために、叔父のセトに戦いを挑んだ。戦いの最中にセトはホルスの片目をえぐり取ったが、最後に

◉ネフテュス、ホルス、イシスをあしらった前664〜630年の護符。

◉アビドスの神殿内の壁に残された古代エジプトの壁画。ハヤブサの頭をした神ホルスが王座に座り、黄金の蠅払いを手にしている。ホルスの前にいるのはファラオのセティと女神イシス。

はホルスが勝った。ホルスの片目はあとでトト神が魔法で取り戻した。戻ってきた片目をホルスが父親の体の中に収めると、オシリスは息を吹き返した。オシリスの復活後、神々は裁判を開いてセトを殺人罪で有罪とし、死を宣告した。

オシリスは王位に復帰せず、エジプト王国を息子のホルスに譲って、天に昇って冥界の支配者、そして死者の裁判官になった。ホルスはエジプトの永遠の王となり、その後のファラオはすべてホルスの化身とされている。

オリュンポス山

ギリシア

山々は地上でもっとも天に近い場所とみなされ、神聖な場所として常に崇拝されてきた。オリュンポス山はギリシアの最高峰で、マケドニアと国境を接するギリシア北部に位置し、テッサロニキのおよそ80キロメートル南西にそびえている。神々の時代には、どんな場合でも人間がこの山に立ち入ることは許されなかった。

ティタン神族との10年にわたる戦いが終わったあと、オリュンポス山はオリュンポス十二神の住まいになった。そこはつねに快適な気候が保たれる楽園であり、神々はアンブロシアと呼ばれる食べ物と、神々の飲み物であるネクターで宴を楽しむ。もっとも高い峰のミティカスはかつてパンテオンと呼ばれ、神々のあいだで重要な話し合いが行われる裁判所が置かれている。

ゼウスの王座はそれとは別に、現在ステファニと呼ばれる峰にある。すべての神々はオリュンポス山に各自の宮殿を持っているが、彼らは食事を共にして、自分たちが支配する世界と人間たちの運命を話し合う。

オリュンポス十二神はオリュンポス山で暮らし、9人のムーサは山のふもとに住んでいる。ムーサは芸術の守護者で、カリオペ(叙事詩)、クレイオ(歴史)、エラト(恋愛詩)、エウテルペ(音楽)、メルポメネ(悲劇)、ポリュムニア(讃美歌)、テルプシコラ(舞踊)、タレイア(喜劇)、ウラニア(天文学)がいる。

ベレロフォンという名の人間が、翼のある馬のペガサスに乗ってオリュンポス山に駆け上ろうとしたが、そこは神々にしか入ることを許されない場所だと思い知らされた。ゼウスが蠅を送ってペガサ

◉ギリシアの神々の山、オリュンポス山を南から眺めた風景。

◉『オリュンポス山に集う神々』、コルネリス・コルトによる版画、1565年頃。

スを襲わせると、驚いたペガサスは後足で立ち上がり、ベレロフォンを振り落とした。ベレロフォンは死なずに済んだが、落馬して負傷し、目が見えなくなった。

　オリュンポスの神々によるオリュンポス山の支配はゆるぎなかったが、あるときテュポンに率いられた怪物のような神々がゼウスを倒そうと攻撃してきた。オリュンポスの神々は力を合わせて彼らを撃退した。この戦いはしばしばギリシア神話上もっとも激しい戦いとみなされている。

アースガルズ

スカンジナヴィア

北欧神話では、アースガルズは9つある世界のひとつで、2種族の神々のうちアース神族が暮らす城砦である。9つの世界はキリスト教以前の世界観に見られるさまざまな生き物の国だ。それらの世界はすべて世界樹ユグドラシルの枝と根に支えられている。

◉神々の住まいアースガルズを発見した北欧の予言者、木版画、1880年。

◉『ヴァルキュリアの騎行』(1909年)、ジョン・チャールズ・ドールマン画。

9つの世界は、アースガルズ、アールヴヘイム、スヴァルトアールヴヘイム、ミズガルズ、ヨートゥンヘイム、ヴァナヘイム、ニヴルヘイム、ムスペルヘイム、ヘルで構成されている(上巻118頁参照)。

アースガルズは天空にあり、オーディンの住まいであるヴァルハラ、トールの住むスルーズヘイムなど、12の領域に分かれている。神々はアースガルズにそれぞれの館を持っている。神々はオーディンの命令のもと、自分たちでアースガルズを造った。アースガルズを囲む巨大な城壁は、霜の巨人フリームスルスによって築かれた。アースガルズでもっとも重要な神々はオーディンとトールだ。一番複雑な神はロキで、トリックスターの役割をしている。

アースガルズは要塞化された完全な世界で、神々は自分の館、農園、牧草地を持ち、ミズガルズにいる人間の地主とほぼ同じように日々を過ごす。作物や家畜の世話をし、狩りをし、「喜びの館」を意味するグラズヘイムという宴会場で祝宴を開く。アースガルズは虹の橋ビフレストでミズガルズとつながっている。

オーディンに仕える女たちはヴァルキュリアと呼ばれ、ミズガルズの戦場で倒れた戦士の中から勇敢な者を選んでヴァルハラに連れて行き、食べ物と飲み物を与え、ラグナロクに備えさせる。ラグナロクは全世界の終焉で、邪悪な軍勢が立ち上がって光の軍勢と戦いをはじめる。神話の最後にアースガルズは滅ぼされ、城壁と住民はあとかたもなく消えてしまう。

キリスト教の三位一体

中東

キリスト教の三位一体の教理は、神が父と子(イエス・キリスト)と聖霊という3つの面、すなわち3つの位格を持つ存在であるという教えである。この3つはひとつの実体、つまり本質を持ち、等しくかつ永遠に唯一の真の神を構成している。天に住む三位一体の神は、キリスト教の根本的な考え方である。

◉『聖三位一体』、ドイツの画家アルブレヒト・デューラーの絵に倣って描かれたもの。

◉聖三位一体を描いたフレスコ画、アンブロジオ・ベルゴニョーネ、サン・シンプリチャーノ教会のメインアプス、ミラノ。

聖書には「わたし」よりも「わたしたち」という人称代名詞が頻繁に使われている。しかし、十戒の第一の戒律は、「あなたには、わたしをおいてほかに神があってはならない」と述べている。「わたし」という言葉を使うことで、神は3つの位格からなるひとつの存在であることが示されている。

ユダヤ教は一神教の伝統を守り、三位一体の考えを排除している。イスラム教では三位一体の教理は冒瀆とされる。

キリスト教徒は、人間もまた体、魂、霊の三層からなると信じている。体は複雑な物質的創造物とみなされ、魂は人間に人格、自覚、理性の働きを与え、霊は神とつながるために用いられる。

ヴィシュヌとその化身

インド

ヒンドゥー教の神々の中心には主要な3柱の神々、創造神ブラフマー、維持神ヴィシュヌ、破壊神シヴァがいる。

ヒンドゥー教のすべての神々は、実質的には性別のないひとつの至高の力であるブラフマン(ブラフマーではない)の顕現である。アバターという言葉は、サンスクリット語で「降下」を意味し、神が現世に現れるためにとる姿、すなわち化身を指す言葉に由来する。ヒンドゥー教の神々は多数の化身を持っている。

ヴィシュヌの化身を総称してダシャヴァターラという。化身の種類はヒンドゥー教が信仰される地域によって違うが、基本的には次のような化身がある。

- ◉マツヤ(魚)
- ◉クールマ(亀)
- ◉ヴァラーハ(猪)
- ◉ナラシンハ(獅子の頭を持つ人間)
- ◉ヴァーマナ(小人)
- ◉パラシュラーマ(斧を持った戦士)
- ◉ラーマ(王子であり王)
- ◉クリシュナ(デヴァーキーとヴァスデーヴァの8番目の息子)
- ◉ブッダ(仏教の開祖)
- ◉バララーマ(クリシュナの兄で、9番目の化身に含む説もある)
- ◉カルキ(「永遠」または「白馬」の意)

◉緻密な細工が施された石碑の中央に彫られたヴィシュヌ神。向かって左側の上部にはブラフマー、右側にはシヴァが配置されている。

◉伝説の鳥ガルダに乗って宇宙を旅するヴィシュヌをあしらった護符の箱。

ラーマとクリシュナはヴィシュヌの化身であり、彼ら自身は神ではないが、ヒンドゥー教の信仰では高い地位を得ている。ダルマ、すなわち正しき道が危機に陥るたびに、ヴィシュヌは世界の均衡を取り戻すために、住まいであるヴァイクンタから地上に化身を派遣して、自分の代わりに戦わせる。

ヴィシュヌの猪の化身ヴァラーハは、大地を海の底から引き上げて、大洪水から世界を救った。ヴィシュヌの第一の化身であるマツ

◉ヴィシュヌの10の化身を表現したダシャヴァターラの像、マンズワラム・コヴィル寺院の壁画、スリランカ。

ヤは、最初の人間マヌに大洪水が迫っていると警告して命を救った。
カルキはヴィシュヌの最後の化身であると言われ、循環する時代のうち、現在の世界が含まれるカリ・ユガの最後に悪を滅ぼすために現れる。終末の到来を告げる者として、カルキは輝く剣を手に、白馬に乗って姿を現す。
ヴィシュヌのもうひとつの化身に、亀の上に載ったメル山に巻きついた蛇がいる。ヒンドゥー教の神々はこの蛇を使って乳海をかきまぜ、アムリタ、すなわち不死の霊薬を作った。神々が蛇の片方の端を持ち、アスラがもう片方を持って交互に引っ張ると、メル山が回転し、海がかきまぜられてアムリタができた。アムリタを取り合って神々とアスラのあいだで争いが起きるが、神々が勝利を収めた。
ヒンドゥー神話にはアスラの王ヒラニヤカシプの話が伝わっている。ヒラニヤカシプは人間にも獣にも殺されない無敵の体を得た。彼と戦うため、ヴィシュヌはナラシンハに化身する。ナラシンハは獅子の頭を持つ人間なので、このアスラの王を殺すことができた。
ヴィシュヌは世界を創造する合間に休息をとるとき、妻に脚をマッサージさせながら、多頭の蛇シェーシャの上で眠る。シェーシャは蛇のような生き物であるナーガという種族の長で、ヴィシュヌのもっとも献身的な支持者と言われている。

神の死

ギリシア

一般的に、神話では死は終わりを意味しない。

神々も殺される場合があるが、彼らはたいてい冥界、すなわちあの世に送られ、運がよければ復活する可能性もある。

ギリシア神話の神々はふつうの意味で死ぬわけではなく、体が再生するために必要な力をたくわえるまで、ハデス、すなわち冥界に身を寄せている。

ギリシアの神々が本当の意味で死ぬのは、彼らが象徴する自然界の力が重要性を失ったときに限られる。たとえば空と雷が人間にとって重要である限り、ゼウスが死ぬことはない。これまでに本当の死が訪れたのは、ふたりの神だけだ。

パンは人間の体にヤギの脚を持つ自然と羊飼いの神だ。パンの死が伝えられたのはティベリウス帝の治世(在位14～37年)である。ギリシアの歴史家プルタルコスによれば、ある船乗りがパクシ島から帰る途中、神秘的な声がパンの死を告げたという。一説によれば、パンの死は自然界を崇拝する異教の信仰から一神教への移行を象徴するできごとだと考えられている。また、パンの死はキリスト教の普及に関係があるとも言われる。

ゼウスは医術、特に自分の敵がよみがえる可能性に警戒心を持っていた。ゼウスが殺した昔の敵を医術の神アスクレピオスが治療したので、ゼウスは雷でアスクレピオスを殺害した。アスクレピオスはのちに死から呼び戻されたと言われている。

◉イタリアの彫刻家アンドレア・ブリオスコ（1470〜1532年）によるパンのブロンズ像。

◉若者を治療するアスクレピオスのレリーフ、ピレウス考古学博物館、ギリシア。

ユダヤ教とキリスト教の神
中東

ユダヤ教とキリスト教が同じグループの宗教と見なされるのは、このふたつの信仰体系に数々の類似点や共通点があるからだ。

「アブラハムの宗教」という言葉には、ユダヤ教とキリスト教に加えてイスラム教が含まれる。これらの宗教はいずれも預言者アブラハムが神から啓示を受けたという言い伝えを認めているからである。

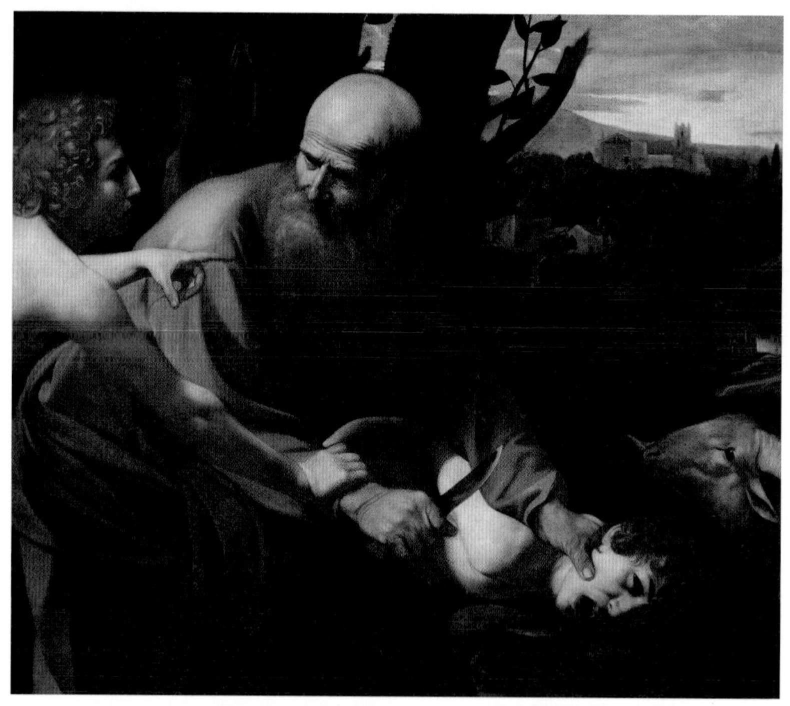

◉カラヴァッジョによるキリスト教的なアブラハムの表現。この絵では、息子イサクを生贄に捧げようとするアブラハムを主の天使が制止し、代わりに茂みで捕らえた子羊を捧げるように命じている。

◉ウルから約束の地カナンを目指すアブラハムの旅は、現代の3つのアブラハムの宗教に共通する重要な要素である。

すべてのアブラハムの宗教では、神は創造主であり、永遠、全能、全知とみなされている。また、神は超越者であり、空間と時間を超えて存在し、自分が創造した世界にあるいかなるものにも支配されない。

アブラハムの宗教では、神は「霊的」であると表現される。これは神が物質的な体、存在、形を持たないということだ。神は至高の存在であり、物質的宇宙から完全に独立し、すべての物理法則を超越し、何ものの影響も受けない。

聖書は、神は不変不易の存在であると述べている。神性とは、神が不変であるならば、不死でもあるということを意味している。また、ユダヤ教とキリスト教の神は、人間とは完全に異なる要求と能力を持つという意味で、「まったき他者」と呼ばれている。人間の生物学的な作用としての死は、神にはあてはまらない。

◉[上]マクペラの洞窟内にあるアブラハムとその妻サラの埋葬地と伝えられる「アブラハムの墓所」の記念碑、ヘブロン、パレスチナ。
◉[下]イスラム教徒が描いたイブラヒム(ヘブライ語聖書におけるアブラハム)の犠牲、ティムール朝時代の名画集より、1410〜1411年。

天空神

世界の神話

世界の神話には、母なる大地と一対の存在として、父なる天と呼ばれる天空神の概念が繰り返し現れる。男神の天空神は一般的に神々の王であり、神話に登場する神々が属するパンテオン（万神殿）の家父長の地位を占めている。

古代ヤム族の神話では、天空神エルと天空の女神アシェラがともに空を支配していた。

マオリ族の神話では、ランギヌイは父なる空の神であり、パパトゥアヌクは母なる大地である。はじめは宇宙を創造した永遠で至高の存在イオ（またはイホ）だけが存在した。イオは暗闇と水しかない場所に、ひとりで身動きもせずに生きていた。活動を開始するために、イオはランギヌイ（ランギ）とパパトゥアヌク（パパ）を創造した。天空神と地母神は暗闇の中で交わり、マオリ族の神々となる70人の男子を生んだが、ふたりはしっかり抱き合ったままで、子供たちは父と母にはさまれて窮屈に暮らしていた。

風と嵐の神タウヒリマテアを除いて、息子たちはこのままずっと暗闇で暮らすより、両親を引き離すべきだと考えた。彼らはいろいろと手を尽くしたが、パパとランギはしっかり抱き合って離れなかった。最後に生まれた息子タネ・マフタはカウリの木のように力強かった。彼がパパに両肩を、ランギに両足を押しつけて力いっぱい押し上げると、ようやく父なる天と母なる大地を引き離すことができた。息子たちは初めて太陽の光を見て大喜びしたが、タウヒリマテアだけは父のそばにいるために空に去った。タウヒリマテアは今も兄弟の仕打ちに対する復讐として嵐を起こしている。

◉ユタ州のザイオン国立公園。この土地に暮らすナヴァホ族は、父なる天と母なる大地が協力して天と地の本質的な調和を作り出し、生存に必要な条件を与えてくれると信じている。

◉ローマ神話の天空神ユピテル。古代ローマ人もまた、父なる天という考え方を取り入れていた。

◉[上]パタカ(食料庫)の上に彫られた、しっかり抱き合う父なる天ランギヌイと母なる大地パパトゥアヌクを表現したマオリ族の彫刻、1870年代にニュージーランドで製作。
◉[下]カナン人とメソポタミアのセム族の信仰における最高神エルの像。

アメリカ先住民の神話では、ナヴァホ族にとって父なる天と母なる大地は、どちらも同じように人間が生きるために必要なあらゆるものを提供している。天と地は男性的なものと女性的なものを象徴している。ナヴァホ族の神話では、聖なる人々が、父なる天と母なる大地を完全に調和して補い合う存在として創造した。母なる大地は父なる天に滋養と活力を与えられ、地上のすべての創造物は盛んに育った。ところが母なる大地はうぬぼれて思い上がり、地上に繁茂するあらゆるものは自分が造ったと主張した。それを聞いた父なる天は、自分の功績でもあると言い返した。母なる大地はこれに納得しなかったため、ふたりはけんか別れし、二度とお互いに協力しないと決めた。

父なる天の助けを失って、母なる大地はこれまでどおりにいかなくなった。季節が以前のようでなくなり、火山が噴火し、水が汚れ、草は枯れて動物が死んだ。4年後、聖なる人々は母なる大地を説得して謝らせることにし、彼女は1羽だけ生き残った鳥に伝言を託して父なる天のもとへ送った。父なる天は謝罪を受け入れ、母なる大地は元どおりになった。ふたりの言い争いに決着がつき、天と地にあるすべてのものは平等だと全員が同意した。

シャーマニズム

ソヨト人のシャーマニズム

シベリア

シャーマンという言葉はシベリア先住民諸部族の言語のひとつに由来している。あるコミュニティが病気などの問題に直面したとき、人々はシャーマンに精霊の世界との交信を依頼する。

信仰する宗教によって、それぞれのシャーマニズムには大きな違いがあるが、それらのあいだには十分な類似性が存在するため、シベリアのシャーマニズムという大きなカテゴリーに入れることができる。シベリアのシャーマニズムはシベリア本土だけでなく、中国北部や日本の北の島々など、周辺地域にも広がっている。

ソヨト人はシベリアのシャーマニズムの一派を担う人々で、主にロシア連邦を構成するブリヤート共和国のオキンスキー地区に住んでいた。シベリアのシャーマニズムのひとつの特徴は、シャーマンが儀式で着用する特別な衣装で、シャーマンを助ける精霊を象徴している。シベリア南部のソヨト人のシャーマンは、布でできた何百本もの蛇とリボンを衣装につける。

シベリアのシャーマンは大きな平たい太鼓をたたく。歌い踊るうちに、重い衣装と太鼓のせいで体力が奪われていく。疲れてくると、手助けする精霊を探すために深いトランス状態に入りやすくなるのである。ソヨト人はトナカイの狩りと放牧で知られている。この遊牧民族のシャーマンは、移動して暮らすトナカイと、タイガ、すなわち北方針葉樹林の祖先の霊との神聖な絆を守っている。エ

◉太鼓を持ち、衣装を身に着けたツングース族のシャーマン。

ヴェン人の真夏の儀式では、ソヨト人のシャーマンがトナカイに乗って空を飛ぶ場面を演じる。

伝統的なシベリアのシャーマニズムは20世紀初期に途絶えた。ロシア革命後の1917年に、シャーマンの助言を求める習慣を廃止するキャンペーンが開始された。スターリンの統治下で、残っていた現役のシャーマンはすべて殺害されるか投獄された。本物のシャーマンの遺物はほとんど現存しないが、衣装と太鼓がわずかに博物館に保存されている。ソ連の崩壊後、多くの先住民が伝統的なシャーマニズムの儀式を復活させた。

アマゾンとペルーのシャーマニズム

アマゾン川流域とペルー

ペルーとアマゾン川流域のシャーマンは、幻覚作用のある植物と植物性の調合薬を用いて変性意識状態に入ることによって、神々と人間の世界を行き来し、手助けとなる精霊の助言を得られると信じている。

サンペドロ(学名 Trichocereus pachanoi)は南アメリカの聖なるサボテンで、幻覚を見せる「ティーチャープラント(師の植物)」と呼ばれ、

◉アヤワスカに用いられる向精神性のある葉を煮出すシャーマン、エクアドル、コファン地方。

特にペルーのアンデス地方のシャーマンと関係が深い。サンペドロの名前は、天国への鍵を持つ聖ペテロに由来し、異世界の門を開く力を示唆している。

アヤワスカはアマゾン産の植物を混合して作る幻覚剤で、煮出して茶として飲むと、幻覚作用が4時間から8時間続く。これは浄化を意味するスペイン語で「ラ・プルガ」とも呼ばれ、文字どおり体内を浄化して再生を促すと信じられている。アヤワスカを処方するペルー人の専門家は「アヤワスクエロ」と呼ばれる。

ペルーとアマゾン川流域のシャーマンは治療師ともみなされている。彼らは精霊の世界との交信を助けるさまざまな聖なる道具を複雑に配置した祈禱用の祭壇を持っている。

ケルトのシャーマニズム

イギリス

古代ケルト人もまた、シャーマニズムを実践していた。7世紀に作られた物語や詩で語られる「タリエシン」や「アメルギン」などの伝説には、シャーマニズムを思わせる霊的な旅と儀式が含まれている。

ケルト人のシャーマンが考える宇宙は、上の世界、下の世界、中の世界の3つの「世界」で構成されている。これらの世界は偉大な生命の樹でつながっている。根は下の世界にあり、幹は人間が住む中の世界を通って上の世界につながり、上の世界では枝が太陽、月、星々を支えている。

ケルト人のシャーマンは、はしごや支柱と表現されるこの木を上り下りして、上の世界の神々や精霊に会ったり、下の世界の角のある雄鹿の頭を持つ神を訪ねたりする。これらのシャーマンは、「世界のあいだを歩く者」と呼ばれる。

変身は古代ケルトのシャーマニズムの重要な要素だ。アイルランドのシャーマンであるアメルギンも、ウェールズのシャーマンのタリエシンも、ほかの人物や動物、物体の姿になる能力がある。

シャーマンの言い伝えでは、誰もが守護動物によって保護され、見守られている。守護動物は、ある人の誕生とともにその人と結びつき、死ぬまで一緒にいる。さらに、シャーマンは必要に応じて、たとえばある動物の速さや狡猾さ、力強さを利用するために、別の動物を召喚することもある。

ケルトのシャーマニズムはドルイド教やサクソン人の魔術、魔法、呪術、魔術崇拝の先駆けとみられている。ケルトのシャーマンは精霊と人間の能力の危険な面を認識し、自分たちの仕事を助ける仲間——精霊の世界からの導師と守護者——が必要だと理解している。たとえばシャーマンは変身能力を使って魚に姿を変え、魚の生き方を学んで鮭と協力することができ、それと引き換えに、鮭の精霊はシャーマニズムについての知識を得る。

タリエシンの物語では、女神ケリドウェンが知識と知恵をもたらす秘薬を作っている最中に、大鍋の見張りを幼い少年グウィオンに任せた。グウィオンはうたた寝してしまい、目が覚めると火が勢いよく燃えていた。グウィオンは火を調節しようとした拍子に、大鍋

◉武具を身に着けた古代ケルト人の戦士とシャーマン、1810年頃。

◉イングランドのストーンヘンジにて、古代の環状列石の前で秋分の日を祝う異教徒とドルイド。この世界的に有名な遺跡は前2600年頃のものと考えられ、これを造った文明は文字による記録を一切残さなかった。これらの巨石の起源は今もたくさんの謎に包まれたままだ。

の液体を数滴浴びて、ケリドウェンの息子が手に入れるはずだったあらゆる知恵を手に入れた。グウィオンは逃げ出し、ケリドウェンは激怒して追いかけた。グウィオンは身につけた変身能力を使って数々の動物に変身して逃げたが、女神もまたその動物の天敵に姿を変えて追い続けた。最後にグウィオンが一粒の麦に変身すると、ケリドウェンは雌鶏になってそれを食べてしまった。するとケリドウェンは妊娠した。グウィオンがまだ自分の体の中で生きていると知っていたので、お腹の子はグウィオンに違いなかった。彼女は子供が生まれたら殺そうと決めた。ところが生まれてきた男の子がとても美しいのを見て、ケリドウェンはどうしても殺すことができず、子供を皮の袋に入れて海に流した。漁師の息子がこの皮袋を見つけて開いてみると、中から子供が現れた。男の子は、自分はタリエシンだと名乗り、知恵と詩と哲学をとうとうと語った。彼は漁師の小屋で成長し、名高いシャーマンと吟遊詩人になって、のちにアーサー王の宮廷に仕えた。

祈禱師

北アメリカ

アメリカ先住民の文化では、祈禱師は伝統的な治療師で儀式をつかさどる者であり、地域や信仰によってさまざまな名称がつけられている。

アメリカ先住民の多くは「シャーマン」と「シャーマニズム」という言葉を侮蔑的だと感じている。西欧社会は長いあいだ「シャーマン」と「祈禱師」を混同して、アメリカ先住民の聖なる人々を表す言葉として使っていた。北アメリカには独自の文化、言語、信仰体系を持つ数百の先住民の部族があるが、それぞれの聖職者、祈禱師、治療師らは、自分たちをシャーマンとは呼ばない。

シャーマニズムは、昔からトランス状態に似た幻覚をともなう精神の旅と関連づけられているが、それはアメリカ先住民文化の重要な要素ではない。シャーマンは恍惚状態による精神の旅の専門家であり導師だが、シャーマンという言葉は、部族の治療師や聖なる人、あるいは祈禱師と同義ではない。

ナヴァホ族の祈禱師(ハタアウィー)は、歌い、両手を振りながら、水晶を用いる。歌はおよそ60種類あり、何を歌うか治療する病気の種類によって選ばれる。弟子は年長者のもとで修業する。これらの儀式を行えるようになるには何年もかけて学ぶ必要があるため、多くの祈禱師は2、3種類の儀式だけを専門にしている。祈禱師は、物質的な性質はコントロールできると信じている。儀式や祭儀には特定の精霊との交信が必要だが、精霊の世界に入ったり、神々を呼び出したりする必要はない。

祈禱師は動物や自然、すなわち川、湖、山々、樹木、花、植物、動物や鳥たちに宿る精霊と霊的な結びつきを持っていると信じられ

◉ボフスラフ・クルーパによるナヴァホ族の絵。彼らは「パルシャパット」と呼ばれる集団で、1880年代頃にアリゾナ州の大平原で野営したときの光景である。「ユグウェワグント」(祈禱師)が伝説を朗唱している。

ている。

アメリカ先住民は、病気になるのは体に悪霊が入ったせいであり、歌によって悪霊の力を奪って追い払うのが祈禱師の仕事だと信じている。祈禱師はしばしば、さまざまな種類の予言をすることができる。スー族やシャイアン族などの部族では、祈禱師は戦士の長、あるいは戦争中には部族長となり、部族でもっとも大きな影響力を与えられる。

チェロキー族の場合、祈禱師は数千年にわたって受け継がれた知識を持つ選ばれた人間だと考えられている。この部族は文字を使って自分たちの知識を記録した最初の部族のひとつだが、彼らは秘密が他の部族に知られるのを恐れて、しばしば暗号や鏡文字を使って書いた。

◉ドッグダンスの衣装を身に着けたノースダコタ州のマンダン族の祈禱師。

ドゴン族のシャーマン

マリ

西アフリカのマリ共和国中部に住む、ドゴン族のシャーマンは男女ともに最高神アンマと交信し、治療や予言に関する助言をもらう能力があると主張している。

ヨーロッパ人入植者は、これらの伝統的な治療師を「呪術医」という侮蔑的な名称で呼んだ。ドゴン族は精巧に作られた仮面と衣装、ダンスをともなう宗教儀式で知られている。ドゴン族はバンディアガラの断崖の下の砂だらけの平原に日干しレンガの家を造り、今も数千年前と変わらない生活を続けている。

彼らは祖先の霊が自分たちとともに存在して、日々の生活に干渉していると信じている。この干渉によって何か問題が起きたときは、儀式を通じて霊との調停をするのがシャーマンの役目だ。

シャーマニズムを習得するには時間と忍耐が必要で、修業は加入儀式とともに始まる。しばしば重い病気から快復した人がシャーマンに選ばれる。その人は精霊の助けによって病を治したと考えられ、シャーマニズムに対する適性を持つと考えられるからだ。

怪物と霊的人間（スピリットピープル）、そしてシャーマンの恍惚状態のダンスを表現した前3300年頃の岩絵が見つかっている。アフリカのほとんどの部族は、神が世界を創造し、精霊に支配を任せたと信じている。精霊はさまざまな姿を取るが、たいていは祖先の姿で現れる。死と病気は感染だけでなく、人々の生き方に精霊が不満を持っているのが原因だとほとんどの人が信じている。祖先をなだめ、敬うことが大切だと考えられ、紛争が起きたときはそれを解決するのがシャーマンの仕事だ。

◉伝統的な儀式の衣装を身に着けたマリ共和国のドゴン族。

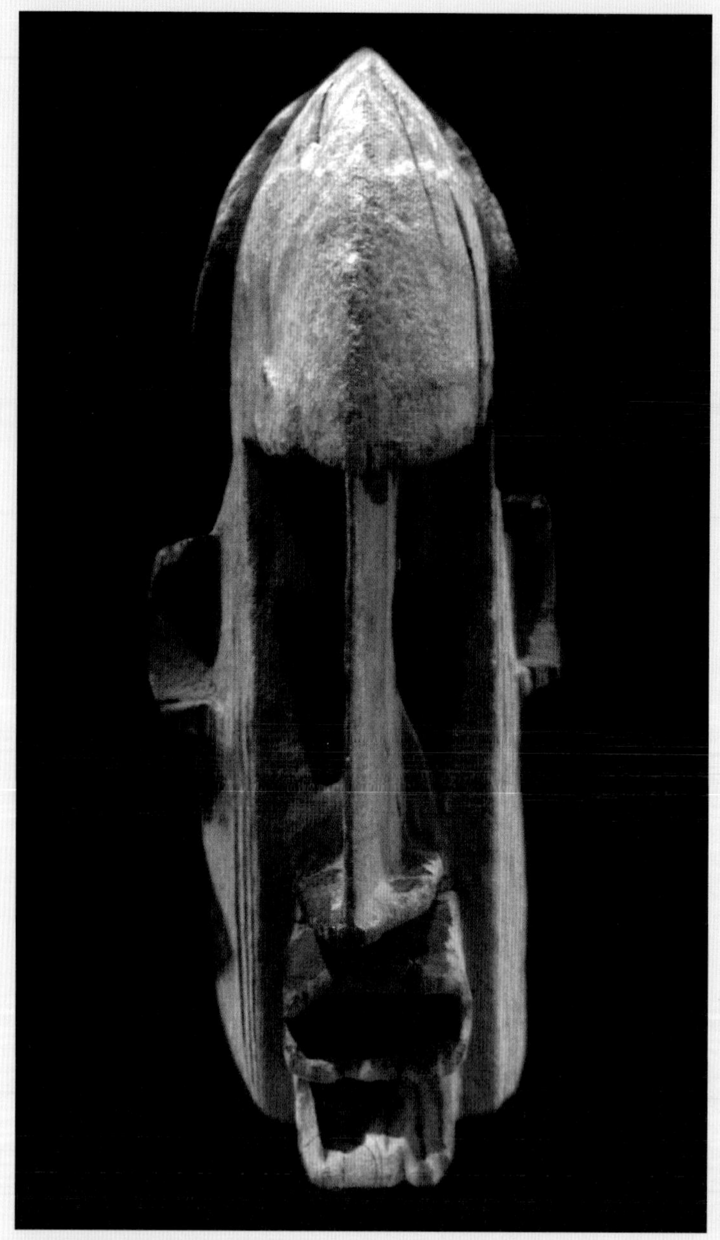

◉ドゴン族が儀式のダンスでかぶるサマナと呼ばれる戦士の仮面。

シャーマンは精霊と直接交信でき、祖先の霊と強い結びつきを保つコミュニティから深い尊敬を得ているため、彼らは権力と特権のある地位を与えられている。

ドゴン族は、数千年前にシリウス星からの訪問者が彼らのもとに降りてきたと信じている。ドゴン族は天体観測に必要な道具を持っていないが、かつては天文学に秀でていたと言われている。

参考文献

◉Brogan, T., & Preminger, A. (1993). *The New Princeton Encyclopedia of Poetry and Poetics*. Princeton, N.J.: Princeton University Press.

◉Burn, L. (1990). *Greek Myths*. Hyderabad: Orient Blackswan.（ルシラ・バーン『ギリシアの神話』市川裕見子訳、丸善、1994年）

◉Dell, C. (2012). *Mythology: An Illustrated Journey into our Imagined Worlds*. London: Thames and Hudson.（クリストファー・デル『テーマ別世界神話イメージ大百科』、前田耕作監修、花田知恵訳、東洋書林、2013年）

◉Graves, R. et al (1959). *New Larousse Encyclopedia of Mythology*. London: Hamlyn.

◉Grimal, P. (1986). *A Concise Dictionary of Classical Mythology*. Oxford, Basil Blackwell Ltd.

◉Hamilton, E. (1940). *Mythology: Timeless Tales of Gods and Heroes*. New York: Mentor.

◉Lagasse, P. (2017). *The Columbia Encyclopedia*. New York: Columbia University Press. Accessed at credoreference.com via University of Western Australia Library license.

◉Leeming, D. (1994). *A Dictionary of Creation Myths*. Oxford: Oxford University Press.

◉Lönnrot, E., (Compiler). (1963). *The Kalevala: or Poems of the Kaleva District*. Cambridge, Mass: Harvard University Press.

◉Lynch, P.A. and J. Roberts (2010). *African Mythology A–Z*, (2nd edition). New York: Infobase Publishing.

◉March, J. (2008) *The Penguin Book of Classical Mythology*. London: Penguin Books.

◉McLeish, Kenneth (1996) *Bloomsbury Dictionary of Myth*. London. Bloomsbury.

◉Mhiti, J.S. (1969). *African Religions and Philosophy*. London, Heinemann.

◉Reed, A.W. (1978). *Aboriginal Myths: Tales of the Dreamtime*. Sydney: Reed Books Pty Ltd.

◉Seal, G. & White, K.K. (2016). *Folk Heroes and Heroines around the World*, 2nd Edition. Santa Barbara: Greenwood.

◉Smith, W.R. (1970). *Myths and Legends of the Australian Aboriginals*. Sydney: George G. Harrap & Company Ltd.

図版クレジット

- ◉AKG Images: 131, 133, 199 (Pictures from History)
- ◉Alamy: 57 (Niday Picture Library), 82 (World History Archive)
- ◉Bridgeman Images: 16–17 (The Fitzwilliam Museum, University of Cambridge), 18–19 (Attingham Park, The Berwick Collection, The National Trust © NTPL/John Hammond), 24 (Private Collection/© Look and Learn), 28–29 (Jason Edwards/National Geographic Creative), 33 (Museum of Fine Arts, Boston, Massachusetts, USA/William Sturgis Bigelow Collection), 35 (©Tarker), 36 (Louvre, Paris, France), 39 (Private Collection/The Stapleton Collection), 50 (Art Museum of Estonia, Tallinn, Estonia), 55 (Private Collection/© Look and Learn), 91 (De Agostini Picture Library/Biblioteca Ambrosiana), 97 (De Agostini Picture Library), 58 (Bibliotheque des Arts Decoratifs, Paris, France/Archives Charmet), 115 (Pictures from History), 124 (Musee du Petit Palais, Avignon, France), 132 (Private Collection/© Look and Learn), 188 (Leeds Museums and Galleries/Leeds Art Gallery), 149 (Musee Archeologique, Sousse, Tunisia), 158–159 (The Fitzwilliam Museum, University of Cambridge), 183 (Private Collection/The Stapleton Collection), 188 (Leeds Museums and Galleries/Leeds Art Gallery), 214–215 (De Agostini Picture Library/G. Nimatallah), 231 (The Stapleton Collection), 237 (Private Collection/Peter Newark American Pictures), 251 (Pictures from History)
- ◉Getty Images: 2 (Dea/G. Dagli Orti/De Agostini), 10 (Mondadori Portfolio/Hulton Fine Art Collection), 14 (Dea/G. Dagli Orti/De Agostini), 63 (Universal History Archive),138 (Buyenlarge/Archive Photos), 141 (Lynn Wegener / Design Pics/First Light), 145 (Penny Tweedie/Corbis Historical), 156 (Mondadori Portfolio/ Hulton Fine Art Collection), 167 (Werner Forman/ Universal Images Group), 176 (Print Collector/Hulton Fine Art Collection), 178–179 (Angelo Hornak/Corbis Historical), 226 (Bettmann), 228 (Wade Davis), 236 (Culture Club/Hulton Archive), 240 (Universal Images Group)
- ◉The Metropolitan Museum of Art: 11 (Gift of Thomas H. Guinzburg, The Viking Press, 1979), Florence), 24, 161 (Purchase, Alain and Marie-Christine van den Broek d'Obrenan Gift, 2009), 162 (Gift of Samuel P. Avery, 1897), 164 (Rogers Fund, 1906), 174–175 (Gift of Cornelius Vanderbilt, 1880), 191 (Gift of J. Pierpont Morgan), 198 (Harris Brisbane Dick Fund, 1947), 203 (Fletcher Fund, 1919), 208 (Rogers Fund, 1968), 209 (John Stewart Kennedy Fund, 1915), 213 (Purchase, Gifts of Irwin Untermyer, Ogden Mills and George Blumenthal, Bequest of Julia H. Manges and Frederick C. Hewitt Fund, by exchange; and Rogers and Pfeiffer Funds, 1982)
- ◉Shutterstock: 22–23, 40-41, 45, 46, 48–49, 52–53, 58–59, 72–73, 74, 84, 87, 89, 92, 95, 100, 106–107, 110-111, 112, 116, 120-121, 122–123, 125, 127, 134–135, 138 , 143, 144, 146, 150, 151, 152–153, 155, 168, 170–171, 180, 184–185, 187, 192-193, 196–197, 210, 220-221, 232–233

◉Wikimedia Commons: 32, 37 (Yves Picq), 64–65 (Museo Nacional de Antropología), 69, 76, 78–79 (National Palace Museum), 81, 81, 99 (National Palace Museum, Taipei), 102 and 119 (Wägner, W. [1886]. Asgard and the gods. London: Swan Sonnenschein, Le Bas & Lowrey.), 172 (The Blessing Studio, Salamanca, New York, United States), 200–201 (Guerber, H. A. [1909]. Myths of the Norsemen from the Eddas and Sagas. London: Harrap.), 216 (Uffizi Gallery), 217 (Hungarian National Museum), 218, 218 (Museo Calouste Gulbenkian), 223 (Musée Granet), 223, 239

索引

あ

い

う

え

お

か

き

く

け

こ

さ

し

す

せ

そ

た

ち

つ

て

と

な

に

ぬ

ね

の

は

ひ

ふ

ほ

み

む

め

も

や

ゆ

よ

ら

り

る

れ

ろ

わ

ん

[著者]
テリー・アン・ホワイト
西オーストラリア大学英語学部で1996年から教授を務め、1999年に同大学で高等研究所設立に携わる。作家としても高い評価を受け、フィクションと学術書の両方を出版している。常に表現活動に関心を持ち、他の思想家やアーティスト、特に視覚芸術と舞台芸術のアーティストとの共同作業に力を入れている。現在はオーストラリアのパースにある西オーストラリア大学出版部の部長を務めている。

[訳者]
大間知 知子
お茶の水女子大学英文学科卒業。訳書にソルター『世界を変えた100のスピーチ』、ジェスティス『ヴィジュアル版 中世の騎士 武器と甲冑・騎士道・戦闘技術』、ビッカム『イギリスが変えた世界の食卓』、アザリート『生活道具の文化誌』、サックス『図説世界の神獣・幻想動物』などがある。

The Story of World Mythologies
by Terri-Ann White

［ヴィジュアル版］
テーマとキャラクターで見(み)る 世界(せかい)の神話(しんわ)［上］

2024年3月5日　初版第1刷発行

著者――テリー・アン・ホワイト
訳者――大間知(おおまち) 知子(ともこ)
発行者――成瀬雅人
発行所――株式会社原書房
〒160-0022 東京都新宿区新宿1-25-13
電話・代表 03-3354-0685
http://www.harashobo.co.jp
振替・00150-6-151594
ブックデザイン――小沼宏之［Gibbon］
印刷――シナノ印刷株式会社
製本――東京美術紙工協業組合

ISBN978-4-562-07391-7
Printed in Japan